我們的移居

多據點生活、里山育兒、扎根地方等23則日本實踐案例

朝日新聞出版　編製

CONTENTS

※本書刊載之資料係根據2021年5月的採訪、調查。
※本書出版後內容有可能變更，運用資料前請務必事前確認。

CHAPTER 3

改變工作方式

CHAPTER 4 支援制度資料庫

CHAPTER 1

Start a New Life

你好！移居

不只是改變居住的房子、生活的街區，或者工作的場所。新世界將在眼前展開，「移居」可能會改變人生⋯⋯。

實現理想移居的8個步驟

實現移居夢想

STEP 1
▼
釐清目的

移居目的千差萬別。移居不能光靠憧憬，為什麼想移居？移居之後想過什麼麼樣的生活？明確想像移居後的生活型態，是移居的第一步。

CHECK! ▸ **確認家人或伴侶的意願**

如果沒有家人或伴侶的協助，移居很難成功。請務必要多花點時間溝通，統整大家的意見。

實現移居夢想

STEP 2

▼

決定移居地點

確定移居目的後，下一步得尋找能實現這個目的的移居地點。但要突然在陌生的土地上生活，確實需要不小的勇氣。先設定一段「試住」期間，也是不錯的方法。移居其實也有很多不同型態。

CHECK! ▸ **移居的不同型態**

- ☑ **雙據點移居** → page. 064, page. 072
  在都會區跟地方都各自擁有生活據點的生活方式。
- ☑ **兩階段移居**
  先搬到預計移居的候選地點附近的都市，以此為根據往來候選地，籌備未來生活。
- ☑ **期間限定移居**
  例如「冬天想住在山區，方便滑雪」等，在特定季節或期間移居。

HINT! ▸ **尋找適合自己目的的移居地點**

- ☑ **線上移居媒合服務「PITAMACHI」→「理想生活診斷」**
  憑直覺挑選照片，系統就會推薦適合的移居地點。
  https://pitamachi.com/

實現移居夢想

STEP 3

▼

蒐集移居地點的資訊

大致鎖定自己想移居的地點後，就可以開始蒐集移居地點的資訊。運用各地方政府的官網等網路服務，可以方便有效地獲取資訊。不過如果想進一步獲得更深入的資訊，最好能親自走一趟移居諮商窗口。

HINT! ▸ **資訊豐富，亦設有諮詢窗口**

☑ **回歸鄉里支援中心** → page. 036

位於東京有樂町的移居諮商中心。除東京、大阪以外，可以與45道府縣的諮商人員討論移居的相關事宜。一年舉辦約350次地方移居座談會。

https://www.furusatokaiki.net/

CHECK! ▸ **確認各地方政府提供的支援制度** → page. 200

各地方政府都為了移居者準備了各種支援制度。
諮商移居事宜時，也別忘了問清楚各種支援制度。

實現移居夢想

STEP 4

▼

擬定資金計畫

除了移居的搬遷費用之外，整頓移居地點的新生活也都需要資金。同時，也必須先規劃好移居後的生活。考量移居地點的支援制度，擬定合理的計畫吧。

CHECK! ▸ **移居相關的費用有哪些？**

搬遷費用、居住相關費用、購車費用、家具及家電購買費用等，有時所有費用加起來可能超過1百萬日圓。如果住在老屋，也得把改裝整修的費用考慮進去。另外有些地方的水費、瓦斯費、汽車相關費用等會比都會地區更高。別忘了仔細試算一遍。

實現移居夢想

STEP 5
▼
實際探訪當地

實際造訪移居地點，了解當地的狀況十分重要。環境如何？交通狀況呢？有沒有能維持自己生活的店家？這裡住著什麼樣的人……。多去幾次，體驗四季的變化也是個聰明的方法。

CHECK! ▸ **也有交通費和住宿費的支援制度**

以移居為前提造訪時，有些制度會提供交通費和住宿費的協助。別忘了確認各地方政府的網站。

CHECK! ▸ **來一趟試住體驗**

很多地方政府都提供「試住住宅」讓希望移居者體驗，時間從短期到長期都有。實際體驗當地的生活，可以更認識這片土地。

HINT! ▸ **許多可輕鬆參加的活動**

☑ **日本移居交流導航 JOIN**

可以從「活動資訊」尋找移居座談會、諮商會、體驗行程等。

https://www.iju-join.jp/

☑ **網路雜誌「Furusato 故鄉」**

可以從「移居相關活動資訊」申請各地移居體驗住宅或者行程。

https://www.furusato-web.jp/

實現移居夢想

STEP 6

▼

找工作

維持生活需要經濟收入。在移居地點也需要事先確保自己的收入來源。如果想在當地企業就職，可以去公共職業安定所問問。考慮創業的人或者希望從事農漁業的人，可以尋求地方政府支援窗口的幫助。

CHECK! ▸ **各地都有因地制宜的獨特就業支援** → page. 150, page. 196

以農漁業為主要產業的地方政府，往往會保證希望移居者未來幾年的收入等，以有利條件提供研習制度。請別忘了確認各地方政府的官網。

HINT! ▸ **選項五花八門**

- ☑ **Local+就業活動「Lo活」**
  各地方政府以學生或年輕社會人士為對象，提供企業介紹和在地方就業的相關資訊。🖳 httpc://local-syukatsu.mhlw.go.jp/
- ☑ **全國新人從農諮商中心「開始務農. JP」**
  針對有志從農者，提供徵人資訊、實習或從農準備學校等農業體驗募集資訊、活動資訊。🖳 https://www.be-farmer.jp/
- ☑ **全國漁業就業者之確保育成中心「漁夫.jp」**
  提供全國漁業之徵人資訊、支援制度、求才活動舉辦資訊、漁夫工作介紹等資訊。🖳 https://ryoushi.jp/

實現移居夢想

STEP 7

找住處

尋找住處建議可以找熟悉當地狀況的移居諮商窗口商量。在網站上蒐集資訊、找當地不動產公司或者當地人探聽也是好方法。不管是租賃或購屋，都一定要親眼確認過物件後再簽約。

CHECK! ▸ **活用空屋資料庫**

全國地方政府都會從希望出租或出售的屋主蒐集資訊，公開在網站上，介紹給想搬進去的人。利用方法因地方政府而異，請務必詢問。也有全國版，以下網站刊載了全國603個地方政府、共超過9千件的屋源。

- **LIFULL** https://www.homes.co.jp/akiyabank/
- **at home** https://www.akiya-athome.jp/

實現移居夢想

STEP 8

展開移居生活！

要擁有愉悅的新生活，跟左鄰右舍的相處也很重要。記得跟鄰居打招呼、參加當地活動，積極融入地區生活。

CHECK! ▸ **移居時必要的手續**

別忘了遷居申請、轉校申請、瓦斯水電的移轉聯絡、銀行保險等住址變更等，一般搬家伴隨而來的手續。
另外也可以了解一下加入鄰里街坊的居民自治組織、消防小組、集會或者祭典等，成為當地一分子。

關於移居的好建議

除了自家之外擁有另一個住處，經營多重式生活的「多據點居住」比移居門檻低，較容易嘗試。
包含自家在內，正在享受四重據點生活的中村先生，告訴我們尋找新居的方法、費用等等，避免失敗的多據點居住訣竅。

「移居的機緣或方法因人而異，首先應該了解自己想要的是什麼。」

中村健太

仕事人股份有限公司　董事長

1979 年生於東京都。明治大學建築系畢業後進入不動產公司就職。離職後成立「視工作如生活」的人力媒合網站「東京仕事百貨」。2009 年設立仕事人股份有限公司，將網站更名為「日本仕事百貨」。現在在清澄白河、中目黑、蓼科、新島都有住處，享受著多據點居住的生活方式。

中村健太的著作《工作如生活》（生きるように働く），介紹其曾接觸過的生活與工作方式。

中村先生目前總共有4個據點，是什麼原因讓您開始這種多據點生活方式？

我年輕時住在東京中目黑地區一間老舊的獨棟房屋。當時跟朋友一起分租，跟房東商量：「我們會自己進行改裝、提高房子的價值，房租請算我們便宜一點。」後來得以用非常便宜的費用住下。在那之後也漸漸形成我對住處的想法，那就是即使不花太多錢，也可以憑藉自己花費的心思和工夫逐步獲得舒適的住處。

現在我將據點轉移到江東區的清澄白河，不過中目黑的家還是維持能住的狀態。但是一直待在都會區有時難免覺得思路僵硬，順著與許多人結下的緣分，我開始到地方去玩，順勢在新島（伊豆群島之一）和長野縣的蓼科都有了家。

不過這兩個地方都並非所謂的「別墅」，而是共居公寓或者自己DIY改造到能住的小屋等。我原本就沒有想花錢住好房子的念頭，比起這樣，大部分時候我都是因為跟人之間的緣分，讓我迷上了一片土地或者某個地方，自然而然在當地有了據點。我希望好好珍惜所有的相遇，直到現在為止都還沒有遇到什麼麻煩事。

看您的工作經歷，似乎很早就獨立創業了，在經濟上有沒有過辛苦的階段？

我原本就是個喜歡依照自己步調生活的人，研究所畢業後當了一陣子上班族，可是我擅長跟不擅長的工作差異相當大，應該是個不太好用的員工吧（笑）。於是覺得還是應該在自己容易施展的環境裡工作，才不會給周圍的人添麻煩，工作3年7個月後就獨立創業了。獨立之後也並沒有特別的危機感。前面提過，我盡力減少房租、水電費等固定費用的開支，一般人可能得花30萬日圓的開銷，我大概可以控制在5萬日圓左右。多虧如此，我才得以免除許多不安，讓自己想做的事付諸實現。

您覺得多據點居住的魅力是什麼呢？

對於喜歡都市生活也喜歡鄉間生活的人來說，可以同時享有兩邊的優點。我自己就是這種人。我很喜歡東京的「橫丁文化」（在窄巷中居酒屋、小餐館等櫛比鱗次），如果要問我人生最愛的事是什麼，那大概就是在橫丁裡喝酒了吧。所以我離不開東京。不過我同時也很嚮往依山傍水、親近自然的生活。最後找到的答案，就是現在的生活。

在都市和地方各有據點，即使在都市的生活規模縮小，相對的滿足感也會提升。整體來說就算不花錢，也可以享有愉快的生活。一旦花錢，生活就會變得沈重。可以用最低限度的成本享受都市和鄉間生活，我覺得這就是多據點居住的精髓所在。

Q 為了避免移居或者多據點生活失敗，您覺得應該注意哪些地方？

首先必須確認自己想做什麼、想要什麼樣的生活，再來尋找能讓自己感覺舒適自在的地方。因此必須要付出努力去認識一個地方、尋找緣分。突然去到一個陌生土地，一定有很多令人不安的因素。例如要租老屋，最好知道之前住過什麼樣的人等資訊，住起來也會比較放心。多去問問熟悉當地的人，或者熟悉移居、多據點生活方式的人，剛開始可以嘗試著一兩天，習慣之後著延長至兩星期、一個月等等，先從試住開始也不錯。

Q 什麼區域或地點比較適合移居、多據點生活呢？

如果是對外界比較開放的地方，通常對移居者比較寬容，住起來可能比較自在。比方說四國，這裡向來有歡迎「遍路」朝聖者（寺院巡禮者）的風俗，原本就具備願意接納外來者的風土文化。

另外位於岐阜縣郡上市的「石徹白」這個區域，因為白山信仰的盛行，自古以來經常有修行者出入，大家對移居者很寬容，雖然是地處深山的村落，但現在250位居民中有50位是移居者。像這種已有歷史淵源，或者已經接收過許多移居者、對移居者具備耐受性的地方，我想很快就可以被接納。反過來說，在一個移居人口較少的地方，當地人可能會偏向警戒，覺得「自己的生活受到威脅」，有可能得花比較長時間才能被接納。

但就算移居人口多，每個地方的情況畢竟都不一樣，還是得親自確認住起來舒不舒服，才是最準確的。如果有感興趣的地方，多去幾次觀察當地的狀況、跟居民交流，確認是否適合自己的調性，都可以避免未來可能發生的糾紛。我覺得建立緣分非常重要。

Q 那麼中村先生是在什麼樣的機緣下，接觸到新島和蓼科這兩個地方的呢？

開始牽起跟新島的緣分是在12年前。當時新島有一間名叫

「建立『緣分』是多據點生活的第一步。」

[1]・[3]新島的白沙是石英砂，可以看到一片雪白沙灘。海象穩定，最適合海水浴。[2]小鎮上有一些以新島特產的抗火石建造的建築物。[4]為了方便隨時都能工作，新島的共居公寓有完善的辦公桌椅。[5]新島最潮的咖啡廳 POOL，是中村心愛的去處之一。

「SARO」的旅宿，我因為替旅宿主人跟屋主牽線認識，後來自己也經常去玩。之後那間旅宿停業，我就跟朋友一起租下老屋。

至於蓼科，一開始是因為朋友在3年前開始經營露營地，去玩了之後開始認識這個地方。在這裡有許多小屋成排林立，其中一部份經過改裝，現在作為住宿設施使用，但還是有很多小屋無人問津，我用每月一戶3萬的費用租下。

我的願望是將來在小屋裡放個燒柴的火爐，一邊看著爐火一邊工作。如果真能實現，那真的別無所求了。小屋附近的木屋裡有溫泉和酒吧，每次進去那裡都聚集了許多有趣的人，大家一邊喝酒一邊聊天，相當愉快。

Q 這兩個地方感覺都離東京很遠，交通上不覺得辛苦嗎？

去新島多半搭船，行程本身就很愉快。我大概都是夏天去。通常我都搭每星期五晚上11點左右，從竹芝棧橋出航的大型客船。也不預約座位，直接帶了張摺疊式行軍床架在甲板上，先乾一杯再說。客船航經彩虹大橋，看著大井埠頭的貨櫃跟羽田起降的飛機燈光，漸漸入睡，隔天在清晨水平線亮起時睜開眼。一回神就到新島了。總共大概得花8個小時左右，不過幾乎都在睡覺，感覺轉眼就到。

去蓼科多半是春、秋，或者冬天。從東京開車大概3小時，不塞車的話更快，我喜歡開車，一點也不覺得辛苦。如果將來自動駕駛更加普及，移動也會更輕鬆，要嘗試多據點生活可能就更容易了。

「即使不花錢，也能憑藉工夫巧思打造據點。」

1蓼科的住宿設施「HYTTER」。中村先生的小屋也在這其中。2走在HYTTER附近自然豐沛的散步道，可以讓身心煥然一新。3．4小屋正在翻新中，漸漸轉變成自己喜歡的空間。5酒吧位於中心的木屋裡，在這裡可以認識形形色色的人。6白雪皚皚的八岳連峰美景。

Q 什麼樣的時間覺得最開心？

新島的海真的很美，在海裡游泳的時候覺得最棒了。從家門前的白沙灘到放有消波塊的海岸邊，放空來回好幾趟，就覺得思路變得很清晰，能想出很多好點子，這時我就會趕快回房間坐在桌前工作。這是我常有的模式。

Q 也就是說，不管去新島或蓼科，都不算完全的休假，還是會工作？

是的。我原本就主張「工作如生活」，認為工作跟生活之間應該沒有明顯的界線。如果要舉例子的話，就像是進入休眠模式的電腦吧。雖然處於耗電近乎零的狀態，但還是沒有斷電，馬上就可以進入工作狀態。所以即使在新島或蓼科，我也並非處於完全休假的模式，只要覺得在東京工作有點瓶頸，就會不管三七二十一帶著筆電外出。環境一改變心情也會跟著變，跟熟人、朋友聊著聊著，可能會產生新的點子。這就是多據點生活對我而言最大的好處。

Q 多據點生活要成功，必須要徵得家人的同意，您的家人有什麼意見呢？

我1年前結婚，現在太太正在照顧兩個月大的孩子，不過她並沒有說過不喜歡多據點生活，但是也沒有表示非常喜歡啦（笑）。有時候我們會一起去，有時只有我一個人。雖然是一家人，但是比起隨時隨地都在一起，保留不需要在一起的選項，我覺得更為健全。越是不在身邊，越有時間思考對方的事，就結果來說，這樣的人際關係可能會比較融洽。

前幾天看到太太因為帶孩子精神有點緊繃，我把孩子帶出門後，她的表情也放鬆了許多。不管覺得孩子再可愛，永遠綁在一起還是會覺得累，更別說是夫妻了。所以我覺得有多個據點，就像有許多壓力的出口，可以保持心理的平衡。

等到將來孩子長大，開始考慮「去自然豐富的地方旅行」時，假如已經有這些據點就能馬上行動，感覺也不錯。這些據點都已經有了最低限度的生活必需品，行李不需要帶太多，假如孩子哭鬧，隔壁鄰居也都是熟識的朋友，不至於太不好意思。總之真的輕鬆很多。擁有一個這樣的地方，我覺得可以讓家人間的感情加溫。

Q 思考移居或者多據點生活時，想必對工作也會感到不安。該如何消除這種不安呢？

「環境的變化可以催生出好點子。這就是多據點生活最大的好處！」

不管多據點生活或者移居，都得從找工作開始。我成立的「日本仕事百貨」這個人力網站裡網羅了許多地方的求才案件，除了介紹工作內容也採訪了許多在當地工作的人，相信大家看了應該都會有所幫助。除了工作現場，周邊的人對移居者抱持著什麼樣的態度等等，在網站中也都有介紹，內容相當細緻，大家可以很容易地想像從事這份工作後，將來自己會過著什麼樣的生活。所以當真正移居後開始工作，就不太容易有「跟想像的不一樣」的狀況。現在這個網站的媒合成功率大約是72％。找工作時跟環境還有人的適配度很重要，只要能克服這個部分，就不太會出現之後覺得後悔的情形。

CHAPTER 2

Change Lifestyle

SOME STORIES
改變生活方式

從來不知道家竟然是這麼舒服的地方、跟家人間的對話也增加了……。
「移居」讓日常生活有了這麼大的改變。

改變生活方式 1

追求貼近自然的生活，親子悠遊里山生活

千葉縣都會區 ↓

千葉縣內房區域

在距離都市不遠、
自然豐富的內房區域，
細緻經營自己生活的龍一、下道千晶夫妻。
移居的關鍵字是「農業」跟「育兒」。

下道千晶與伴侶龍一

龍一大學畢業後開始務農，曾先後在「耕種」、「Farmind」兩間公司從事農業工作。千晶從事模特兒工作，結婚後現在兼任模特兒、染色家、一個孩子的媽媽，多方活躍中。

因喜愛農業而結緣的兩人

千葉縣內房區域在山海環抱之下擁有豐沛自然，除此之外嶄新商業設施也陸續開業，生活的便利性日漸提升，成為近年來熱門的移居地。下道千晶和龍一就住在這樣的內房區域。丈夫務農、妻子是模特兒，這兩人都在都市長大，在20多歲時命定地相遇。

千晶在大學時開始當模特兒。因為喜歡時尚，畢業後直接進了一間成衣公司上班，同時從事模特兒和設計師工作，過著忙碌的日子。「但是追逐流行時尚的忙碌生活讓我每天疲於奔命，後來身體也搞壞了，我開始思考自己想要的生活。與其追逐其他人決定的價值，我更想要過自己喜歡的生活。」

龍一曾經工作的「耕種」農場。他在這裡學習許多關於有機栽培的知識。

當時她腦中想起的，是位於東北山形縣祖母家的生活。務農的祖母家是舊時的民宅，每次去玩都會搭著輕型卡車到田裡採蔬菜吃，享受順應自然循環的生活。就在她心想，總有一天也要過著這種生活時，在某個社群咖啡館認識了龍一。跟一邊經營咖啡廳、一邊從事地區營造並種植有機蔬菜的龍一聊過之後，她發現彼此思考的方向性非常相似。

龍一從學生時代就對農業很感興趣，曾經住在印度的兩個月體驗帶給他很重要的影響。

「印度聚落的生活雖然貧窮，但卻非常豐富。比方說賣牛奶的會牽著牛來到家門前，直接擠牛奶來賣。那裡沒有電視也沒有手機，可是生活真的非常富足。那日本的優點又在哪裡呢？我如此自問，最後找到的答案就是『里山文化』。人與自然達到協調的里山生活，正是日本人一直守護的生活。好，那就以里山和環境為主題來行動吧。確定想法後，我先在從事茨城縣環境保護活動的NPO法人實習了1年，累積農業經驗。」

大學畢業後他又在當地培育從農新手的研習計畫下，跟著市內農家從事農業研習1年時間。之後成功地借到了田地，順利開始營農生活。龍一也感受到千晶嚮往農業的心意，兩人很快就情投意合。沒多久，他們就開啟了新婚生活。

為了鑽研有機農業，決心移居內房區域

龍一原本希望在老家經營農業，但是當地環境對種植蔬菜來說並不適合，他漸漸開始想到其他地方多學一點有機農業的相關知識。這時，內房區域「耕種」的農場主人開口邀他「要不要一起工作」？龍一十分認同他們的環境和概念，決心在這裡工作。同時，也決定移居到內房區域。

龍一表示：「如果是只要務農，那還有很多其他選項，貿然到一個完全沒有熟人在的陌生縣市，未免

帶著剛出生不久的颯太，一家三口走向農田。能夠從小開始親近土地，是十分珍貴的機會。

長男颯太從附近撿來的寶貝。

木造兩層樓的日式房屋有五房兩廳，相當寬敞，兩家的父母親也隨時能放心來小住。

太不實際。我心想，還是有親友在的縣市裡比較安心。」而千晶因為還要持續模特兒工作，希望是方便通勤到東京的地方。移居地點附近每15分鐘就有一班高速巴士，到東京或橫濱只需要1小時左右。另外還有內房線，交通非常方便，所以她對移居並沒有異議。

商量好之後，兩人在2016年搬來了內房區域。畢竟是第一次來到這個地方，他們先選擇租房子，看看狀況。

「我們租了一棟50平方公尺的木造平房，租金1個月5萬日圓。有停車場也有院子，價錢相當便宜。實際生活之後發現，這裡的超市裡賣的魚和蔬菜都新鮮又便宜，自己下廚的次數自然而然增加，也減少了外食費用。整體生活費降低，這

龍一表示，耕土、撒種、迎接收成這些田間作業「因為對手是自然，所以困難，也很有意思」。右圖為龍一在2018年收成的春季胡蘿蔔。每一根都是筆直又大小適中的優質產物。

裡又是個很容易生活的城市，我們也確信，在這裡定居下來應該沒有問題。」

在嚮往的老屋裡，展開一家三口的生活

兩年後長男颯太誕生，兩人也開始考慮定居，對於搬到更大的房子裡有了共識。他們依著傳單看過一間一間老屋，終於找到了現在住的房子。直到出售之前，房子都有人居住，所以幾乎沒什麼損傷，兩層樓高、五房兩廳的寬闊空間也沒話說。除了主屋還有別屋，也有院子跟停車場。但是要住得舒服還需要下一些工夫，花了一點改裝費用。

「我跟先生都是高個子，所以我們把廚房抬高了10公分，也加裝了地暖。最後能完成舒適的房子，我很滿意。」千晶微笑地說。

房子一樣位處內房區域，不過地點稍微偏僻了些。原本很擔心鄰居對帶著幼兒的年輕夫婦會有什麼反應，但是意外地大家都充滿善意。有人特地帶著梅干來拜訪，也有人教他們怎麼照料庭院，漸漸拉近了跟左鄰右舍的距離。「我們正煩惱不知道該怎麼處理院子裡砍下來的樹，鄰居就開來輕型卡車說：『丟到我山裡就行了』，當時真的很吃驚。原來人家有一座山，格局太不一樣了（笑）。」

從育兒環境來看，這裡也已經成為他們一家離不開的地方。「颯太從小我就讓他上市內的幼兒園，那是一間以華德福教育為主體，還會進行里山保育，非常有意思的幼兒園。在園裡的自由度很高，比方說

颯太（中央）上的幼兒園，習慣會在公園或者庭院等戶外空間上課。每日都玩得渾身是泥巴。

他們還嘗試在庭院一角開闢家庭菜園。甜脆豆和抱子甘藍都長得很好。

親子一起享受下廚之樂。颯太手上拿的是 3 個人自己親手做的味噌。「這很好吃，你也吃吃看！」看來颯太對成品也很滿意呢。

畫畫的時間，題材和顏色都可以自由選擇，教室裡也沒有固定座位。就算孩子們吵架，園裡的方針是大人不介入，讓孩子們自己解決。家長也都理解這種方針，沒有什麼糾紛。這真的是一間很棒的幼兒園，我很不想離開這裡。也因為這層緣分，讓我想繼續在這裡生活。」這附近在孩子的腳程能及的範圍內也有小學和國中，假如將來颯太要上東京的大學，也還算能通學的距離。站在不限縮颯太未來選項的觀點，這個剛好位於都市和鄉間中間位置的家正好合格。

儘管各自面臨新挑戰，依然以順應自然的生活為基調

搬到內房區域進入第5年。現在兩人都正在嘗試新的挑戰。龍一現在轉職到一間蔬果物流公司上班，從事創建農場相關的工作。

「這間公司原本以水果運銷為主，現在計畫在千葉種葡萄。我從購買農地階段開始參與，接下來會漸漸看到計畫成形，非常期待。」

另一方面，千晶也開始了長年以來的心願，藍染的重染活動。

「自己心愛的衣服，經過細心照

挑戰做味噌的龍一跟颯太。最後完成的就是上圖裡的味噌。

千晶一家人過著親近自然的生活。里山和大海都像是自家的庭院。

料可以穿得更久，這是一件很令人滿足的事。衣服上有污漬或者褪色，經過重染之後可以穿得更久。我希望透過這些活動，可以刺激大家去思考『不丟棄』的生活方式。現在我正在計畫一個一整天的『永續工作坊』，先在我家重染，一起吃生機飲食便當、做瑜伽。媽媽朋友中有烹飪跟瑜伽的專家。我希望跟她們一起攜手，做些能幫助地方的事。」

兩人都有各自的生活目標，颯太也得以自在健康地成長。能實現這種生活，都是因為移居到離都市不遠、有里山又有爽朗鄰居的「類鄉村」內房區域。兩人對於這種不需要繃緊神經、順應自然的生活流露出滿足的笑臉，令人印象深刻。

好衣服重染之後能穿得更久，這就是自然的循環，千晶正在從事藍染的重染活動。

上道千晶與龍一的移居 DATABASE

Before After

	移居前		移居後
居住地	都會區	→	內房區域
家庭結構	2 人（夫妻）	→	3 人（夫妻、小孩）
住處	租屋 50 平方公尺 5 萬日圓／月	→	買下五房兩廳的老屋
工作	夫：農業、 妻：模特兒	→	夫：農業、妻：模特兒、染色家
興趣	外食、看電影、 逛美術館	→	下廚（先生在家下廚的次數增加了！）、DIY、園藝、露營、野餐等戶外活動

Question

移居的原因	先生在位於內房區域的公司「耕種」就職。
決定移居地點的關鍵因素	距離先生工作地點近、喜歡當地的幼兒園。
交通條件	有車比較方便，開車到最近車站約 10 分鐘。
公共服務和設施的充實度	瓦斯、水電等費用跟都會區沒有太大差異。 孩子走到國小、國中大約 15 分鐘。
收入和支出的變化	收入因為千晶辭去上班族工作，一度減少，不過現在模特兒和染色家的工作逐漸上軌道，比起剛搬家時已經有增加。支出減少。
是否利用支援制度	無
鄰里關係	附近移居人口多，當地人性格多半爽朗又親切。
移居後的好處	兒子成長得健康快樂。 太太重拾夢想中的重染活動。

現在立刻查看！

回歸鄉里支援中心

位於東京有樂町東京交通會館內的移居諮商中心。
與東京、大阪以外的45個道府縣地方政府攜手，
提供具體資訊和支援。

任何人都可以輕鬆諮商，歡迎來走走。

提供豐富實際案例、資訊 期望移居者最強的幫手

考慮搬到地方生活或下鄉、返鄉等各種「移居」的人，都建議可以先來這裡走走。這裡是為了支援移居地方，在2002年開設的非營利組織法人。與移居相關的諮商件數年年增加，2020年在新冠疫情下也有約3萬件的諮商。

一字排開的各道府縣諮商窗口。有專屬諮商員在這裡待命。

可以透過展板和資料展示區尋找資訊。

摘自 期望移居者的問卷

根據實際造訪過中心的人進行的問卷調查，2020 年希望移居的地點前三名為距離東京交通方便的靜岡縣、山梨縣、長野縣。到 2020 年為止，長野縣連續 3 年蟬聯第一，山梨縣和靜岡縣也是排行榜前三名的常客。這三縣可說是屹立不搖的熱門移居縣。對於移居地的要求，多半為工作機會、自然環境、居住環境等現實因素。從這樣的結果也可以看出大家確實認真在考慮移居。

希望移居的地點排行榜

第一名	靜岡縣
第二名	山梨縣
第三名	長野縣
第四名	福岡縣
第五名	宮城縣

選擇移居地點的條件為何？

第一名	有沒有工作機會
第二名	自然環境好
第三名	有適合的住處
第四名	交通方便
第五名	氣候條件好

＊不含其他

非營利組織法人，回歸鄉里支援中心

東京都千代田區有樂町 2-10-1 東京交通會館 8F
10:00 ～ 18:00，週二～日（公休：週一、國定假日）
☎ 03-6273-4401
https://www.furusatokaiki.net/
ginza@furusatokaiki.net

只要在營業時間內，任何人都可以入場，該樓面有擺放地方移居相關宣傳手冊和資料的「資料區」，可以輕鬆取得自己感興趣地區的宣傳手冊。另外這裡也設置了各道府縣的攤位，該地區諮商員除了會提供具體的地方生活資訊外，也會親切地回應個別案例的諮商。諮商當然全部免費。

中心內還設有公共職業安定所，提供全國求才資訊。

這裡每年會實施大約 350 場「移居諮商會」或者「鄉里生活研討會」等活動，協助希望移居的人。網站上也有相當細緻完整的資訊，別忘了上網確認。

石川縣↳環遊世界↳東京都
↳石川縣七尾市

改變生活方式 **2**

想在鄉下養兒育女
享受能感知季節的生活

任田和真因結婚而移居能登，
透過地區振興協力隊的活動，
與地方人士建立起連結，
現在兩口之家已經變成四口之家。

任田和真

大學畢業後參與和平號志工計畫，在 3 年期間約旅行 50 個國家，致力於國際合作計畫。移居後以地區振興協力隊身份從事各種活動。

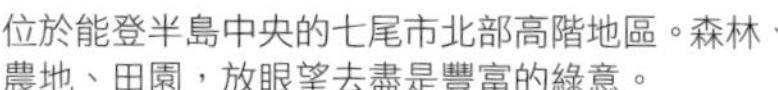

稍微走遠一些，就可以看見這片平靜的七尾灣上、漂著蚵棚的海景。牡蠣是能登冬季的當令美味。

位於能登半島中央的七尾市北部高階地區。森林、農地、田園，放眼望去盡是豐富的綠意。

尋找理想的育兒地點，決心移居

搭上和平號、遊歷過世界上許多地方的任田和真之所以決定移居，是因為結婚的關係。他在環遊世界的旅途中認識了太太，兩人對育兒的價值觀一致。

「在發展中國家，孩子並不是只靠自己的家人扶養，而是作為村裡的一份子，由整個地區一起養大。我覺得這對孩子來說是很理想的環境。當時我們本來住在新宿，但是這裡不像是個可以跟地方鄰里一起育兒的地方。於是我們就決定搬到具備這種環境的鄉下。我太太也同意了。」

他們移居的目的地是任田的老家石川縣。雖然故鄉小松市生活機能高、也很便利，但是跟都會的生活型態太接近，這跟他們想像的鄉間生活並不一樣。

「說到石川縣的鄉下地方，馬上就會想到能登。所以我們就到回歸鄉里支援中心去諮商。」

在這裡，他們認識了七尾市的移

居諮詢員太田，移居計畫逐漸具體。「諮詢員建議我們不妨去玩一趟，我們就去了七尾市看看。一開始去了地方的公民館，也見了當地的自治會長和町會長，大家都表現出很大的善意歡迎我們，很感興趣地聽著我們的故事。」

七尾市是個移居人口多的地區，當地人都很習慣移居者的到來。附近的人也都溫暖地邀請：「請務必搬過來啊。」「我們當時也去過其他地方，不過這裡不僅已經有移居者間的人際網路，也充滿了移居人口齊心讓地方更好的活力。大家都很有朝氣，所以我們覺得在這裡應該可以過得很愉快，更重要的是，充分可以感受到當地希望我們這種年輕夫婦移居的熱切。」

購買五房兩廳的老屋。親自動手改裝，整理為宜居的環境。

找房子時移居諮詢員太田也幫了很大的忙。鄉下地方有很多10個房間以上、太過寬闊的房子，但他們運氣很好，找到了夫妻倆人容易照料的三房兩廳平房。這裡原本是前任地區振興協力隊住的房子，屋況馬上就能入住。

這個地區為了促進大家移居定居，當地經過協議取得共識，將空屋租金定在3萬到3萬5千日圓左右。七尾市特別對來自縣外的移居者提供房租補助，遷入3年以內購買新屋或者空屋，最多還可獲得1百萬日圓的補助。

「一開始是租房。我以前也曾經是地區振興協力隊，房租都是協力隊的活動經費出的。不過現在的房子是自己買的，連同土地總價不到4百萬日圓。其實繼續租房也不

在嘗試與錯誤的過程中，栽培了許多蔬菜。農務工作也是生活的醍醐味之一。

是不行，但是想到取得不動產有補助，就決定買了。」水電方面都沒什麼不方便，瓦斯是「稍微貴一點」的液化石油氣。加蓋木頭露台，擔心孩子觸摸砂牆會剝落，改塗灰泥，早上窗戶會因為濕氣變得很潮濕，改裝雙重玻璃窗，親自改裝房子，成為更適合居住的空間。

更開心的是有了一片田地。「我太太說想要自己種蔬菜吃，就實現了她這個夢想。種菜不容易，但是很有趣。我們發現在同一個地方種同一種作物卻完全長不大，加了肥料後才終於長得不錯，很多地方都很有意思。鄰居都會來教我們，應該說，他們不知不覺就會擅自幫我們耕作。可能過一陣子會發現，咦？怎麼長出了秋葵？我不記得有種過啊……（笑）。」

當然，也遇到很多不適應的事。比方說町會費1年要3萬日圓，不是筆小數目。跟地方建立關係時，有許多必須參加、幫忙的婚喪喜慶活動。還有諸如割草等地區活動。「讓我很驚訝的是，在傳閱的鄰里通訊板上，通知欄裡理所當然地寫著『請帶除草機來』，我根本沒有除草機啊。」

透過地區振興協力隊的活動跟在地居民建立起連結

任田直到2021年3月為止，擔任過3年的地區振興協力隊，從事過各種活動。其中他特別有心得的就是「聚落教科書」，將當地風俗習慣和規定記錄下來，製作成冊。除了對移居者的支援制度之外，也會記錄下這個地方特有的婚

自己悉心栽培出的蔬菜別有一番滋味。別人送的東西也不少，幾乎沒有花錢買過蔬菜。

冬天有時積雪會超過 30 公分。每個家庭都會常備除雪工具，左鄰右舍一起合力剷雪。

ADIDAS

喪喜慶習俗、地區社團活動、小學社團活動、營養午餐費金額等等，對於實際生活非常有幫助的具體資訊。移居者手握這本教科書，心裡一定會覺得很踏實。「剛搬來時問候鄰居的順序等等，都非常重要。在這裡一般都會由照料移居者的班長或者町會長陪同，一起去跟鄰居打招呼。這時候得帶些伴手禮。伴手禮的選擇也是一門學問，最好是面紙、洗潔精、餅乾這類民生消耗品。毛巾之類的其實大家都有了。」

整理「聚落教科書」時，全部都透過訪談調查。「訪談的過程很有趣。同樣是日本，但是每個地方的文化可以說完全不同，我也因此了解了地方社區運作的機制，牽起跟當地人的緣分。並且透過這個過程發現了一些地方的問題。」

而這些問題往往可以牽引出下一步行動。「這個地區只有自古以來留下的慣例節慶活動。很少有活動是大家主動想要參加的，也沒有一個隨時能跟其他人交流的空間。所以我決定利用已經成為廢校的小學空間，企劃一項娛樂活動。」以廢校為舞台的燈飾、室外啤酒館、汽車電影院。2019年舉辦了製作7.7（Nanao，譯注：音同七尾）公尺長的惠方卷活動大受好評，隔年挑戰2020公分的惠方卷。

「基本上活動會針對當地人來企劃，但是經過媒體報導後，也來了很多外地人。」任田在地區振興協力隊任期結束後，也希望能持續這類地方活動。

「移居之後覺得最棒的一點就是

「無論好的地方、不好的地方，都能忠實傳達」，帶著這樣的心意製作出總共41頁的「聚落教科書」。關於住處、購物、交通、基礎生活設施、倒垃圾的規則、災害時和緊急時的因應、喪禮習俗等等，介紹了許多對生活有幫助的詳細資訊。

任田過去擔任地區振興協力隊，著力於許多活化地方的活動。製作「長惠方卷」的活動，是與全世界首創開發出「蟹肉棒」的杉與公司一起合作才得以實現的。

可以感覺到四季變化。春天翻土插秧，夏天稻穗結實，秋天是收成的季節，有很多祭典，冬天的海鮮非常好吃。生活可以明顯感受到四季。住在都市裡時，家只是回去睡覺的地方，現在在家的時間增加了很多。」

原本夫妻兩人的生活，現在又多了兩個男孩，成為四口之家。搬來這裡原本是為了實現育兒的理想，但有一點卻是他們始料未及。

「其實在這個地方生下老大之後才知道，跟他同年的孩子只有一個。老二更是一個同齡孩子都沒有。我跟太太都生長在附近有同學、很理所當然的環境中，這麼一來孩子們將來要跟誰一起玩？想學習才藝的選項也很少。這幾點我們想了很久。」

不過大致來說兩人對眼前的生活並沒有什麼不滿。七尾有海、有河、有山。假日跟孩子們一起親近自然是最開心的時間；到便利商店只要開車5分鐘；開車10分鐘車程的超市裡，每天在鮮魚區都可以賣到新鮮的當令水產；蔬菜基本上吃自己種的。

「我覺得移居就是想像自己想要的生活、想擁有什麼樣的人生，然後經過取捨選擇能夠實現這些夢想的環境，以自己為主體來開創人生。生活不是觀光。實際到當地走走，跟當地人有所接觸，來尋找適合自己的地方。為了讓自己覺得這個選擇是正確的，移居之後也不要讓自己的好惡先入為主，總之先付諸行動再說，最重要的是融入地區當中。」

有時也會跟原本就住在當地的人以及同為移居者的人一起聚餐。夥伴也漸漸越來越多。

夫婦兩人一起移居後生了兩個男孩子，成為四口之家。任田表示，也很想要個女兒！

任田家的移居 DATABASE

Before After

	移居前		移居後
居住地	東京都	→	石川縣七尾市高階地區
家庭結構	1 人（自己）	→	4 人（夫妻、兩個孩子）
住處	出租公寓	→	買下三房兩廳的老屋平房
工作	上班族	→	地區振興協力隊 退任後在當地公司就職
興趣	足球	→	農務、烹飪

Question

移居的原因	結婚。尋找理想的育兒環境。
決定移居地點的關鍵因素	移居者多、有朝氣，感覺可以嘗試有趣的計畫。
交通條件	只要有車就沒問題。
公共服務的充實度	對移居者提供豐厚的支援。
收入和支出的變化	餐費變便宜了。
是否利用支援制度	買房子時活用了補助金制度（100 萬日圓）。
鄰里關係	透過地區活動結交了許多朋友、認識更多人。
移居後的好處	得以在生活中感受四季。

改變生活方式 3

神奈川縣→
岩手縣陸前高田市

介紹最真實的陸前高田
連結人與城鎮的地區振興協力隊

在神奈川擔任JR站員時，
被問到「想為岩手做什麼？」而下定決心返鄉。
在陸前高田市移居定居服務窗口，
擔任招攬移居者的諮詢員！

松田道弘

1986年，生於岩手縣遠野市。目前以陸前高田市地區振興協力隊身分，在特定非營利活動法人高田暮舍擔任移居諮詢員。2019年返鄉移居。

陸前高田的海。夕陽將海面染成橘紅色。

上司的一句話開啟了嶄新人生，加入地區振興協力隊

陸前高田市位於岩手縣東南端、三陸海岸玄關口，同時也與宮城縣縣境相接。來到這裡擔任地區振興協力隊的松田先生出生於陸前高田北側的遠野市，在這裡一直生活到高中畢業。盛岡市內的醫療福利專門學校畢業後，先是從事了一陣子照顧服務員的工作，之後在姐夫的建議下進入ＪＲ東日本擔任站員，工作了５年。

他跟當時的上司於公於私感情都很好，上司問他：「你有什麼想做的事？」松田回答：「我希望能為岩手做點什麼。」這句話的背景，可以追溯到２０１１年東日本大地震時的經驗。震災時松田在老家遠野市的某間照服機構工作。遠野市位於三陸地區和內陸的中間，所以這裡設置有支援據點。他接觸過市內的ＮＰＯ和地區營造團體的活動，也近距離地看到市民們提供支援的身影，自己也曾經前往大船渡市和陸前高田擔任志工，或許這些經驗都影響了他日後的選擇。

「上司問我，繼續在ＪＲ工作，

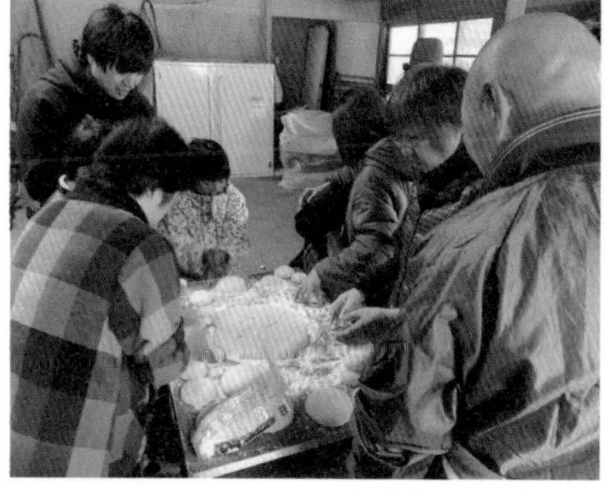

全家大集合的年末搗年糕大會。最後做出大小不一的年糕，非常愉快。

能實現自己想為岩手盡一份心力的願望嗎？如果想為岩手的居民做些什麼，那就應該為了當地的地區營造出力，首先應該先從蒐集資訊開始！」上司在他身後狠狠用力地推了一把。

蒐集各種資訊後，他找到了位於東京有樂町的「非營利組織法人、回歸鄉里支援中心」。在這個支援設施裡，集結了45個道府縣的移居資訊。在岩手縣這一區拿到的傳單裡，就包含了陸前高田市地區振興協力隊的資料。

家裡的田地。從雜草叢生的狀態開始耕耘，半年後成為長滿青蔥、水菜和青紫蘇的田。

之後，他將目標鎖定在最先拿到傳單的陸前高田市，進一步進行調查，發現了市內一間一般社團法人正在徵人，投遞履歷後並沒有被錄用。他想要等到確定新工作後再辭去JR的工作，所以一直到2月都還沒確定4月之後的工作，心裡十分焦急。「我帶著自取其辱的心理準備，打電話給沒有錄用我的那間一般社團法人的面試負責人。這個人還擔任另一個團體的副理事長，我希望那個地方可以錄用我。那就是我後來以地區振興協力隊身分赴任的移居定居支援團體『高田暮舍』。」

在許多人的幫助，還有太太積極的照料下，第一年就長出了白蘿蔔。

來到高田暮舍任職，擔任移居諮詢員

東日本大地震後，陸前高田市的人口銳減。這裡沒有統整移居定居的單一窗口，無法做到資訊的整合跟移居人口的掌握，因此在2017年設立了「特定非營利活動法人高田暮舍」，希望統一管理

2019 年，拍攝於東京的活動會場。在會場跟陸前高田的粉絲在舞蹈時間一起跳起盂蘭盆舞。

在最愛的別屋舉行烤肉趴。用秋刀魚跟啤酒來乾杯！

移居定居的相關事宜。高田暮舍旗下的活動繁多，例如設置促進移居定居的諮商窗口、經營移居定居入口網站「高田生活」、經營空屋資料庫、促進移居者社群形成等等。

另外，陸前高田市也委託他們協助地區振興協力隊的活動執行，除了松田以外，另外還有好幾名員工都是以地區振興協力隊的身分、來到陸前高田市任職。松田在這裡擔任「移居定居諮詢員」，負責考慮移居者的諮商，並且實際安排現地參訪。

「2020年大約有70～80件諮詢。受到新冠疫情的影響，我們也不敢輕易帶人進入當地參觀，所以透過線上的方式播放市內各地的影像，向大家介紹。沒想到意外受到好評。」諮商案件增加的原因，一是不用到公司上班的遠距工作模式增加，另外一點則是因為地區工作媒合服務「SMOUT」引入了不少人口。

而這些多半是跟陸前高田或者岩手沒有淵源的人。其中有人在震災時曾經來當過志工，也有人表示想在震災10年後這個時間點，完成震災當時無法完成的心願。

熟悉的土地，移居門檻低

回到故鄉岩手，在陸前高田的生活他大概能夠想像。例如為了方便行動首先一定得買車，大概多少房租符合行情等等，所以回岩手生活的門檻很低。

陸前高田市在地震海嘯的侵襲下，受到嚴重損傷，現在大家都不在平地蓋房子。因此高台的土地地

價很高，一房的公寓房租約5萬5千到6萬日圓，這個價格跟東京近郊衛星市鎮相比沒有太大差異。

高田暮舍經營的陸前高田市空屋資料庫除了介紹屋源的格局，也包含了這個房子特有的樂趣，以及屋主特別推薦的特色等等。這都是希望達到「空屋屋主」和「希望租用空屋者」最好的媒合，盡量消除期待的落差。比方說有些屋主已經離開陸前高田生活，空留一間屋子在當地，就算對周圍來說是間空屋，但是對屋主而言這裡並非空屋，而是自己的家。進行媒合時他們十分注重要讓屋主放心覺得「租給這個人應該沒問題」，也要讓租客了解房子的故事，願意真心愛惜。

「我現在也租房子住。本來住在臨時住宅裡，但那裡後來被拆除了。一位認識的大叔聽說我得搬離臨時住宅，問我有沒有住處，後來介紹了這個地方給我。」在對方介紹下，松田和太太兩人現在住進了這間氣派的獨棟房屋。地震前，這房子住著一位地方上出了名很會照顧人的媽媽。震災時也曾經是志工們住宿的地方。「春夏秋冬，房子周圍都開滿了花。已經不在人世的那位媽媽非常愛護庭院，現在都還看得到她留下的痕跡。有些本來以為是雜草想割掉，後來發現是花，我還因為這樣被愛花的太太罵了一頓（笑）。」

為了岩手從事的活動，最好能「大家一起來」

以地區振興協力隊身分來赴任之前，松田就強烈希望為當地做些什麼，也希望這能成為正式的工作。

「與其籠統地希望這個地方的人能獲得幸福，我的想法漸漸有了改變，希望隔壁大叔可以開開心心生

特定非營利活動法人高田暮舍，為了幫助希望移居者在移居後也能融入地方社群、更容易想像在地方的生活，介紹了許多移居體驗者的訪談、工作、家庭、鄰里關係、周邊環境等各種資訊。讀過地區振興協力隊任職於高田暮舍的員工所寫的「高田生活」專欄，就能夠了解陸前高田最真實的日常。

活、希望幫那戶人家的大嬸解決麻煩等等，我覺得這些近在身邊的事才是最重要的。」

真正在這裡工作、在地方上交流、塑造這個地方的是當地人。要能一一撿拾起大家的心意並不容易，必須時時打開自己的觸角。希望跟這個人一起做些什麼，即使自己辦不到，這個人或許辦得到，開始覺得只要大家一起來就行了，應該是自己成長最多的部分。

「大家都說這個地方漸漸蕭條，可是另一方面，當地人還是很期待有外來的人口。為了避免當地人和想要移居的人之間的誤會摩擦，身為移居諮詢員，我希望挺起胸膛誠實地告訴大家陸前高田真實的樣貌，邀請更多人來到這裡。」

移居可以出於任何理由，同時享受好處跟風險

移居不一定要出於「想成就些什麼」這種積極正向的理由，之所以這麼說，是因為他自己決定返鄉的理由之一，在於「想要逃離都市」。「我覺得能正常生活非常重要。都市有都市的好、地方也有地方的好。移居之後也可能面臨失去一些東西的風險。只要能輕鬆面對這些變化，告訴自己『欸，其實也不過如此』就好了。」

陸前高田人口大約1萬8千人。最初大家都稱呼他「你是那個誰家的小哥吧？」遇到有人來攀談他總是不自在，但現在已習慣了。看樣子來到此地兩年，他已經確確實實變成了高田人。

在家裡採收的萵苣。收成了很多，完全不需要上超市買。感謝大自然！

太太將別人送的野草莓種下，現在已經結果實了。可以在家吃草莓，真是太棒了。

松田的移居 DATABASE

Before After

	移居前		移居後
居住地	神奈川縣	→	岩手縣陸前高田市
家庭結構	1 人（自己）	→	2 人（自己、妻子）
住處	公寓 4 萬 5 千日圓／月	→	租賃空屋 3 萬日圓／月
工作	上班族	→	地區振興協力隊 在高田暮舍擔任移居定居諮詢員
興趣	聽音樂、睡覺	→	聽音樂、睡覺

Question

移居的原因	想為了岩手奉獻心力，加入地區振興協力隊。
決定移居地點的關鍵因素	在非營利組織法人回歸鄉里支援中心拿到了陸前高田地區振興協力隊的傳單。
交通條件	一定要有車。當地已經有「BRT」（快捷公車運輸系統）的專用道，行駛到晚上 11 點，十分方便。
公共服務的充實度	普通。下水道尚未建置完全，要汲水很麻煩，習慣之後也不覺得辛苦。
收入和支出的變化	收入和支出都減少。覺得經濟上寬裕了一點。
是否利用支援制度	無。
鄰里關係	會互相分享蔬菜。
移居後的好處	不管是關於街區或者這裡的人，自己都得以自主地參與跟岩手相關的工作。

許多人都將此作為移居的第一步

地區振興協力隊

經常出現在本書中的「地區振興協力隊」，是由日本總務省所支援的制度，讓都會區的人移居到有少子化或人口外流等課題的地區，透過「地區協力活動」，嘗試定居當地。「地區振興協力隊」由地方政府招募，有意申請者經過評選後被任命為隊員。2009年開始該制度以來，規模漸漸擴大，目前約有1千1百個團體、5千6百位隊員從事活動。隊員中男性占6成、女性占4成，年齡從10多歲到60多歲，跨距相當廣泛，其中20～30歲約占7成。

隊員要做些什麼？

工作內容包含地方社群活動、介紹地區、農林漁牧業和地區產品相關資訊等，依據地方各有不同，從事活化地區的相關業務。

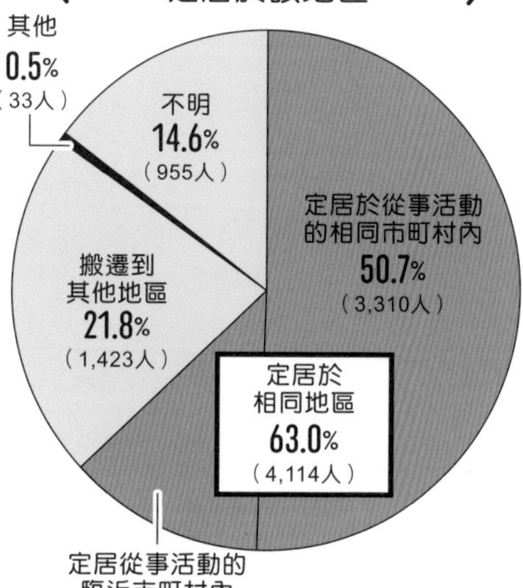

至2020年3月31日為止，任期結束之地區振興協力隊隊員的定居狀況（來自日本總務省的調查）

Case 1 任田和真 → page. 038

在石川縣七尾市從事隊員活動。負責「促進往高階地區之移居、定居」的工作，製作「聚落教科書」，將村鎮的風俗習慣和規定整理成冊。

Case 2 松田道弘 → page. 046

因為2011年的東日本大地震，開始「想為岩手工作」，離開JR東日本成為隊員。目前為移居定居諮詢員。

Case 3 粟野龍亮 → page. 114

擔任隊員期間中，致力於宣傳長野縣諏訪地方的觀光資源。之後也經手可辦公度假的露營場之設立和營運。

如何成為地區振興協力隊員？

向正在徵求隊員的地方政府申請，接受評選。評選方法依地方單位而異，通常會有資料評選（填寫自我介紹、申請動機，以及擔任地區振興協力隊員想要實現的事後提交）、面試。

薪資？生活？

任用條件為必須將戶籍遷至任務地，搬家費用需自行負擔。薪資為每個月16萬日圓左右，不過有些地方政府會另行補助房租、租車費用、加油費用等。任期以1年為單位、最長3年。

有些接納協力隊的地方希望採納外部觀點來促進地方活化，對於希望移居的人而言，也是了解當地、親近當地的絕佳好機會。根據調查結果，實際上約有6成協力隊的隊員在任期結束之後，會持續在活動地區或者鄰近區域定居。

自2019年開始推行可以短暫體驗協力隊活動和生活，3天2夜起的「地區振興協力隊體驗」，以及2週到3個月的「地區振興協力隊實習生」制度。可以將其用於移居的第一步。

成為地區振興協力隊的步驟

1. 確認徵人資訊。
↓
2. 向地方政府申請。
↓
3. 地方政府進行評選、採用。
↓
4. 地方政府發行委託書。
↓
5. 將住處搬遷到任用地，展開活動。

可以先嘗試！

地區振興協力隊體驗	期間	3天2夜起
	移居要件	無
	活動內容	・跟地方政府、接收地區等相關人員見面。 ・認識地方、交流會。 ・實際體驗地區協力的活動。
地區振興協力隊實習生	期間	2週～3個月
	移居要件	無
	活動內容	・與地區振興協力隊隊員一樣，從事地區協力活動。

詳情請洽　總務省地區振興協力隊服務窗口　03-6225-2318　https://www.iju-join.jp/chiikiokoshi/7626.html

改變生活方式 4

大學時代的青春之地讓沖繩成為第二故鄉

神奈川縣→
沖繩縣那霸市

受大學時相識的太太奈月與當地文化的吸引，
深深迷上了沖繩。
在這個學會跟各種人建立關係的地方，
以「人」為主軸展開兒童教育事業。

小野間昌和

1987 年生於山梨縣甲府市。大學時代在沖繩國際大學的 1 年中認識了許多朋友，學習到如何創造、驅動、達成新事物。2014 年移居、創業。

移居的機緣是在東京認識的沖繩女孩

小野間昌和生於周圍環山、自然豐富的山梨縣甲府市，因為考上櫻美林大學的關係前往東京。入學後加入了高中就開始投入的足球隊，也開始在居酒屋打工。

大學二年級的某一天，在打工的地方認識了來自沖繩的奈月。「小奈（奈月的暱稱）同時也是我足球隊隊友的朋友。我們開始交往之後，身邊多了很多沖繩朋友。」奈月當時就讀沖繩國際大學（以下稱沖繩大學），利用合作校的學分互換制度來到櫻美林大學進行為期 1 年的「國內留學」。知道學校有這種制度後，小野間在奈月回沖繩時，也就是大學三年級的春天前往沖繩大學交換。

奈月帶著他認識了沖繩的傳統民俗藝能哎薩舞，接觸到過去從不知道的沖繩文化，讓他大受衝擊。「沖繩大學有個叫『琉球風車』的社團，我在那裡第一次看到哎薩舞。他們也參加地區服務或節慶活動，幫助活化街區，我也很驚訝自己竟然會開始接觸到這些事。」

身為哎薩舞社團的一員，他跟夥伴們切磋琢磨，鑽研技藝，頻頻參加活動的演出。除了島內以外，也陸續到過大阪和台灣等地巡演，留下很美好的回憶。

用山梨朋友送的葡萄，替兒子做了水果潘趣酒。

「總有一天想到沖繩生活」邁向人生的第二階段

在沖繩的1年，渡過了相當充實的時光。回到櫻美林大學後，他成立了「櫻風哎薩舞琉球風車」這個社團，募集在關東有意從事哎薩舞活動的夥伴。大學畢業後一方面積極參與社團活動，同時在成衣和餐飲店工作。

2013年當社團活動漸漸穩定後，開始展望自己30歲後的生涯規劃，決定跟奈月結婚後移居沖繩。在沖繩朋友多，過去也曾經生活過，並沒有太多不安。「我覺得如果要結婚生養孩子，還是沖繩比較適合。我是獨生子，一開始山梨的母親和祖母都反對，好像覺得沖繩太遠了……。不過她們還是一直很

右：沖繩的大紅花（朱槿）！這裡有許多在不經意時能令人重拾活力的美麗風景。
左：沖繩國際大學的哎薩舞社團「琉球風車」夥伴們。

上：去宇流麻市的伊計島玩，認識的朋友在這裡有度假屋。
下：在紅樹林間泛舟，前往能近處觀察榕樹的能量聖地。

支持我。」

儘管知道山梨家人的心情，他還是毅然決然在2014年2月單身前往沖繩。先是住在奈月的老家生活，一邊找工作，後來找到了那霸市內徵人廣告公司的業務工作。追逐營業數字、了解廣告業界還有商業、網站等過去不認識的世界，都十分有趣。他一方面思考如何獲利，也向公司提案該如何才能更自由工作，並且開始準備創業夢想。2019年獨立創業，以「創造令人開心的事物」為概念，設立了「人喜事」企劃公司。

連結人與人 回饋沖繩與山梨

「人喜事」企劃公司目前經營帶有教育目的的兒童運動教室「忍者9」，並且受託經營針對高中生的職涯教育專案。除此之外，他也以個人身分參與國小國中的公共事業，以及串連大學和地區企業的專案。他將重心放在以幼兒到大學生為對象的職涯教育世界，幫助孩子們認識各種人生和價值觀，培養自主學習、生存的能力。「移居沖繩後，我依然透過哎薩舞跟沖繩大學還有櫻美林大學的學生們一起活動。雖然跟工作無關，但也自然而然地做起跟職涯教育類似的事。我深刻感覺到過去做過的每一件事，點跟點之間都串連了起來。」

獨立創業之後行動較自由，他也開始冒出想對故鄉山梨和肩負沖繩未來的孩子們有所回饋的念頭。「我希望跟他們一起思考該帶著什麼樣的目的、擁有什麼樣的人生，幫助他們能邁向更快樂的下一階段。」移居後家裡多了一兒一女，私生活也更加熱鬧。他積極參加地區撿垃圾活動、自治會、擔任幼兒園的家長會幹部等等，今後也會一直保持著跟「人」的關係。

波上海灘近在咫尺。2021 年女兒出生，一家人的生活越來越開心。

兒子喜歡的海底生物公仔。他們幾乎每週都會去沖繩的美麗海水族館。

小野間的移居 DATABASE

Before After

	移居前		移居後
家庭結構	2 人（夫妻）	→	4 人（夫妻、兒子、女兒）
住處	出租公寓一房兩廳	→	出租公寓兩房兩廳
工作	上班族	→	上班族→獨立創業（公司董事）

Question

交通條件	離不開車的社會，偶爾會出現令人苦惱的塞車。 日常生活中幾乎不會用到公車。
公共服務的充實度	在那霸市不會特別覺得不方便。 有時會覺得山梨的水很好喝。
是否利用支援制度	無

東京都→長野縣→兵庫縣朝來市

改變生活方式 5

追求自然的移居，下田耕地 順應自然、不勉強的生活

因深受長野大自然的吸引，
自然而然地開始
在長野縣安曇野市生活。
漸漸地發現適合自己、舒適的生活跟環境。

嶋崎望

在東京都內的餐飲店從事服務業，2014 年移居長野。2021 年因結婚移居兵庫，跟丈夫幹太一起從事喜歡的農業。

因為在度假區打工從東京來到長野

嶋崎望移居到了兵庫縣朝來市，一個群山環繞的農村。這已經是她第二次的移居了，第一次移居是2014年從老家東京搬遷到長野縣安曇野市。

「之前我一直在東京工作，但總覺得好累。我沒有什麼特別想做的事，只是很想離開東京，就在這時候偶然得知有個在上高地度假區包食宿的打工機會，這也成了我後來移居的原因。那個度假區冬季封山，工作11月就結束了，之後我在安曇野市租了一間公寓住了下來。長野的景色實在太美，我很想就這樣繼續住在自然當中。」

之後她活用之前在泰國學習的泰

從插秧開始種稻米，這時已經稍微冒出新芽。附近的奶奶們也會幫忙農務。

式按摩經驗，在溫泉設施的按摩區擔任芳療師。不過那是一份獎金制工作，直到培養起自己的常客之前，得一邊在超市打工維持家計才行。「確定下芳療師這份工作前，我找工作找了1個月左右，但是一直沒找到，心情很低落（笑）。這裡跟東京不同，工作機會沒有那麼多，或許先大致想好想做什麼工作再來會比較好。」

當初她住在安曇野市一間月租5萬日圓的公寓，但是很少有機會跟當地人接觸，與鄰居的往來跟住在東京時沒什麼兩樣。之後搬了好幾次家，最後住的地方是在松本市找到的老屋，房租2萬4千日圓。

「我也看過當地不動產公司管理的空屋資料庫網站，不過這間老屋是偶然在一間大型不動產公司網站上發現的。地方離市區很遠，但是是一棟帶田地的獨棟房子。這地方一直都有很多人在此生活，聽說有年輕人要來大家都很歡迎。大家經常會帶蔬菜或蘋果來給我，非常親切熱情，生活上很快就適應了。」

自從在松本市生活後，除了芳療師的工作，也經常會到附近咖啡廳、餐飲店、蘋果農家去幫忙。

「芳療師的工作彈性比較高，再加

移居朝來市之前，也曾經跟丈夫幹太一起拜訪過新潟的農家。跟山羊一起搭車移動。

祖母教了她製作加工品的方法。「我也希望把這些舊時的智慧傳承下去。」

家裡還有祖母用的大灶。

上跟我移居當初住的公寓相比，這裡的房租只有一半，所以我決定減少工時，把時間花在自己想做的事情上。」

長野的下一站是兵庫
下田耕地，嘗試順應自然的生活

之後她跟在長野認識的嶋崎幹太結婚，移居到幹太祖母居住的兵庫縣朝來市。但是他們並不是一開始就決定要移居到朝來市的。「移居到朝來市之前，我們兩人一邊從事農業工作，也輾轉去過奈良、新潟、長野。去過許多地方後聊起『想要打造一個可以一邊務農一邊生活的據點』，但是遲遲沒有找到適合的地方。就在這時候，剛好有機會去拜訪先生的祖母家，覺得這個地方好像還不錯。當時是2020年9月。我們覺得這個地方應該比較容易實現自己想做的事，下定決心移居。」

現在他們在廣大農地中闢出田畦，種植無農藥、無化肥的稻米和許多種蔬菜。其實不只農業，她偶爾會在地區的加工所製作便當跟年糕，幹太每週會從事兩次林業工作。他們以所謂半農形態，以自己

跟愛犬 Taoh 一起外出。親人的 Taoh 每天都帶來很多療癒。

的步調經營著生活。

「我們談過，在兩個人的生活裡，最重視的就是跟家人在一起的時間。也開始思考在這種生活中可以做些什麼，想想農業也是生活的一環，便開始從事農業。首先希望可以達到自給自足的目標。」

開始務農之後，也學會操作耕耘機。

嶋崎的移居 DATABASE

Before After

	移居前		移居後
家庭結構	1人（自己）	→	3人（夫妻、丈夫的祖母）
住處	（東京）老家	→	（兵庫）祖母的老屋
工作	（東京）服務業	→	（兵庫）農業、在加工所幫忙

Question

交通條件	基本上必須開車移動。一班公車可以到車站。離高速道路也很近。
公共服務的充實度	瓦斯用的是液化石油氣瓦斯。 附近有診所，但要緊急送到大醫院時必須動用直昇機。
是否利用支援制度	跟市政府諮商想接受新從農支援，但丈夫的祖母名下有可耕種的土地，不屬於市政府的支援對象。

神奈川縣橫濱市&
千葉縣南房總市

改變生活方式 6

在依山傍海的獨棟房屋中渡過週末

川鍋宏一郎

上班族。4、5 年前開始在南房總市過週末，並蓋了新房子。

資訊提供：COCOLOMACHI 公司

經營多種服務，例如介紹全國移居者訪談的「COCOLOCOCO」，還有介紹南房總市活動、居住資訊的「南房總雙據點計畫」等網站。
COCOLOCOCO https://cocolococo.jp/
南房總雙據點計畫
https://minamiboso-2kyoten.jp/

平日在都會區、週末在鄉間的雙據點生活。
川鍋先生在都心工作，
週末則在自然豐沛的南房總市渡過，
讓他來告訴我們雙據點生活的魅力。

2020 年 12 月蓋好的南房總新家，有木頭大露台和落地窗，開放感十足。

無法完全搬到鄉下 開啟週末的雙據點生活

「星期五晚上孩子上完才藝班，我們就會開車從橫濱出發。晚上10點左右到達南房總的家，噗咻一聲打開罐裝啤酒，這才覺得『啊，一個星期又結束了』。」

平日跟太太還有兩個孩子、1隻愛犬一起住在橫濱市自家的川鍋，大概在4、5年前開始這種週末在南房總市渡過的雙據點生活。起初在南房總市租屋，2020年12月蓋了一棟新屋。

川鍋原本就愛好自然，一直有將來想住在鄉間的念頭。但是他也覺得在東京都內企業上班要移居鄉間並不容易。當時還並不盛行遠距工作，每天從郊區通勤到市區，單程得花上2個小時，這實在有點辛苦。就在這時候他知道了所謂的「雙據點生活」這種生活形態，開始產生興趣。最早接觸到這種生活，是透過建築寫手馬場未織所寫的《到鄉下過週末》這本書。書裡介紹了平日在都會、週末到鄉間生活的例子。

如果是自己，會想在哪個鄉間渡過週末呢？看著地圖，憑想像進行各種模擬，思考著可能的候選地點。「雪積太深的地方不適合，所以先刪除了長野和山梨這兩個選項。另外從橫濱開車過去時也不希望遇上塞車。逗子、鎌倉、南伊豆這些地方感覺車流量都很多，我希望找個自然更豐富的地方。最後覺得『一過東京灣跨海公路馬上就能到的房總好像不錯』。」

川鍋的嗜好是戶外活動，過去曾經到南房總市露營過好幾次。從橫濱家開車過來剛好1個半小時。交通方便以及有山有海的豐富自然環境，讓他深受吸引。不過他對當地畢竟還不夠熟悉，並沒有馬上決定蓋自己的房子。他對老屋翻新很感興趣，希望學習DIY等各種技術，參加了在南房總市由「YAMANA HOUSE」舉辦的工作坊約2年時間。

「YAMANA HOUSE」是以南房總市有3百多年歷史的老屋和里山為據點，舉辦DIY、里山體驗、農務體驗等活動的團體。住在都會區的人可以輕鬆地在週末參加，跟移居者或者雙據點生活的人一起活動、交流。「1個月裡有好幾個週末我會去YAMANA HOUSE，跟大家一起改裝老屋，或者下田務農。當時我自己1個人去的次數比全家一起參加的次數多。」

買下一座空屋 附贈一座山

YAMANA HOUSE聚集了擅長木工技藝、農務等各種技術的專家，川鍋在旁協助的同時，也一邊學習。新家的資訊也是透過朋友口耳相傳才知道的。「我聽說YAMANA HOUSE的鄰居到處在詢問『有沒有人願意住這附近的空屋』，於是就租下了那棟房子。一棟老平房，土地有1千5百坪。這樣月租只要2萬5千日圓。」

這個價格跟面積在都會區都難以想像，不過川鍋告訴我們，這附近大概「每5間就有1棟是空屋」，所以這樣的條件不稀奇。租房大約1年左右，房東提議：「我家已經沒人要住了，你要買下嗎？」他正式測量了土地，發現原本以為1千5百坪的土地其實是4千5百坪。家門前有小河流過，後面是山跟一大片空地。那座山也算在用地當中。建築物除了主屋的平房，還有兩棟大倉庫，全部加起來只要3百多萬日圓。

用了許多木材的挑高客廳，望出去是滿眼綠意。

週末全家會圍坐在燒柴的火爐前。

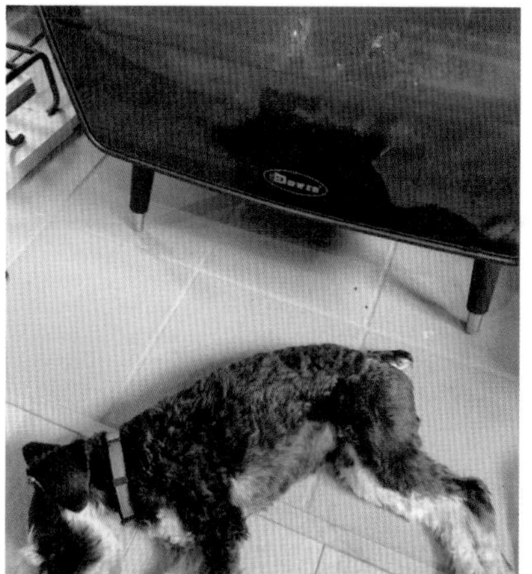

上：在暖爐前享受幸福時刻的小黑豆（2歲、公）。
下：從後山砍下木材，努力劈柴的川鍋。後方放木柴的架子是他用廢木材自己搭的。

起初他已經準備要翻新房子。但是老屋地板一拆開，發現地基是碎裂的磚牆、牆壁只有一片夾板，需要非常大規模的工程。「當我發現這裡要住人必須從地基開始整建時，開始思考未來的事。我家老大快要滿10歲，再過10年就成人了，那時候或許也沒必要住在橫濱。想到將來正式移居到南房總市的可能，我就動念想好好蓋間新屋。」

跟太太商量了蓋房子的事，太太非常驚訝。但是原本的平房實在太老舊，「破舊到其他家人都不願意來住（笑）」，太太也表示贊成，與其翻新不如乾脆改建成適合全家一起住的房子。

工程委託當地的木屋營建商。總面積大約40坪左右，除了有挑高空間、將近13坪的客廳之外還有4個房間。川鍋花了不少時間在老房子的拆除工作上。『我也請了拆除業者來，不過梁柱、木材我自己分類，木屑丟進汽油桶裡燒、剩下的預計將來當作暖爐用的薪柴和DIY材料。」

南房總有很多雙據點生活的同好。房子蓋好後大家的交流更加頻繁，也會彼此幫忙DIY。「我發現1個人就連要搬動1條原木都很困難，這星期別人幫了我，下次換我去幫別人。為了方便行動，最好能隨身攜帶睡袋和鋪在睡袋下的墊子。畢竟要準備棉被什麼的太麻煩了，做好隨時隨地都能睡的準備才是最重要的。工具類也不能少。多帶一些總沒錯。」

新蓋的房子有木頭露台。地板和

吊床是孩子們最愛的空間。

牆壁用了大量木材，家具用的是露營用具，對於熱愛戶外活動的人來說簡直愛不釋手。南房總市的冬天遠比想像中冷，所以他們在客廳裝了燒柴的暖爐。在後山用鏈鋸砍下木材，再劈成薪柴。

關於同時持有兩間房子的費用，川鍋認為是一種投資。土地費用3百萬日圓已經付清，剩下的是橫濱和南房總兩邊的房屋貸款。起初規劃南房總蓋一間小一點的住宅好降低成本，不過後來他們想法改變，基於避險的概念，覺得不如好好花錢蓋1棟房子，將來如果不住了也可以出租成民宿。再來就是持續會有的高速公路通行費，每次來回大約5千日圓。

四人一狗
共享週末的鄉間生活

自從房子蓋好，幾乎每個週末全家都會來享受南房總的生活。如果有孩子的才藝發表會，週末就會留在橫濱，但從房屋落成到現在過了4個月左右，從來沒有連續兩週不來南房總。「我們也會帶狗一起去，在後山跟孩子們一起奔跑玩要。有時候全家會一起去海邊玩、

開著怪手在自家土地上整建露營地。

孩子們也幫忙一起塗油漆。

家具和餐具使用露營道具。非常適合小木屋。

抓螃蟹。還會去採『小根蒜』這種野草，用來下酒。之後我也打算去幫忙種田的朋友。」

現在職場導入了遠距工作，「這邊有消耗品、日用品，也有衣服，幾乎可以住下來了。」平日川鍋自己留在南房總的時間也漸漸多了。他在這片土地上想做的事越來越多。「我朋友用30萬日圓廉讓了3噸的挖土機給我。我家跟山之間有一片很大的空地，我現在正在整理這塊地，想把斜坡剷平整建成露營場。另外我還有兩棟舊倉庫，我想要自己翻新，改裝成宴會空間兼遊樂場。」

雖然可以享受到都會區沒有的體驗，但是另一方面，也有鄉間生活特有應該注意的地方。比方說可能一不小心就可能在山裡滑倒、挖土機傾倒、開除草機受傷等等。在自己家的土地裡可能移開石頭就會看到下面盤踞著蝮蛇，或者有胡蜂飛出來。看到當地人將抓來的山豬堆在卡車上運走，驚訝地發現南房總的山區遠超乎想像。

為了將來的正式移居，川鍋很慶幸自己能提早開始這種雙據點生活。「等到我退休，可能體力就跟

面對太平洋的南房總。開車約 15 分鐘就是海邊。

平日在南房總的家遠距工作的時間增加了。

不上了，像要打磨鏈鋸、農地工作的步驟等等，都得靠經驗，不是1、2天就能學會的。雖然有一段時期得花雙倍的居住成本，但也能利用這段期間多學點東西。」

川鍋說，不需要急著進入雙據點生活或者移居。「我覺得先多去當地的許多地方看看，了解一下是什麼感覺，由此開始比較能長久。畢竟雙據點生活可能很多地方跟之前的想像不同。有時候會發現一整個週末都在除草，或者一直在做垃圾分類、燒垃圾，為了這些事還得花來回5千日圓的路費，確實也經歷這種提不起勁的時期。」

川鍋為家人和自己打造了一個可以渡過精彩週末的空間。為了10年後的正式移居，他一步一步、踏實地進行準備。

熟練地運用工具，正在翻新老倉庫。家人朋友相聚的宴會空間即將完成。

川鍋家的雙據點 DATABASE

Before After

	雙據點居住地		
居住地	神奈川縣橫濱市	&	千葉縣南房總市
家庭結構	一家四口跟一隻愛犬		
住處	橫濱市、獨棟房屋（自有）	&	南房總市、獨棟房屋（自有）
工作	上班族		
興趣	原本就愛好自然，開始雙據點生活之後依然沒有改變		

Question

開始雙據點生活的原因	出現將來希望住在鄉間的念頭時，透過馬場未織小姐的書籍知道了「雙據點生活」這種生活方式。
決定雙據點生活地點的關鍵因素	從橫濱家開車 1 個半小時就能到南房總市。這裡自然豐富，有山有海。
交通條件	雙據點生活基本上仰賴開車。
公共服務的充實度	沒有感到不方便的地方。
是否利用支援制度	無
鄰里關係	當地老人家都是某方面的專家，教了我們很多事。附近有許多移居者或者同為雙據點生活的同好。
移居後的好處	工作和休閒之間張弛有度。 孩子們可以盡情在自然中玩耍。 為了 10 年後能正式移居，正在學習 DIY 等各種技術。

攝影：小林俊仁

神奈川縣→
京都府京都市、
長野縣御代田町

改變生活方式 7

生活樂趣操之在己
本間夫妻流的生活方式

結束在藤澤9年的生活，
本間家開啟了
在京都和長野的雙據點生活。
家有幼子該如何經營這樣的生活型態？

本間勇輝、本間美和

2009年12月起的兩年，夫婦一起環遊世界。之後帶著誕生的兩個孩子，一起旅居海外、在東北經營飲食事業。著有《Social Travel》（U-CAN出版）等書。

旅行結束之後，發現理想家庭的樣貌

２００９年12月。本間夫妻踏上了旅程。這是一趟環遊世界一周的旅行。兩人一邊旅行一邊養成的價值觀就是「GOD、Nature、Community」。對於超越人智的龐大力量懷抱敬意，與自然共生、而非消費自然，與身邊的人互助共生。除了日本之外，他們接觸過許多國家的文化和人，才因而產生出這樣的想法。

新冠疫情之前，也曾一家四口一起短居海外。2019～2020年曾經在西班牙開心跨年。

走過許多國家，看過各地「生活」的本間夫妻，又是如何在日本打造他們的生活？回國之後因為想在海邊生活，選擇了神奈川縣的藤澤市，在這裡從鄰里關係的經營開始，一點一滴地形塑起今後也不會改變的「家庭樣貌」。

「因為邀請鄰居一起烤肉，後來跟大家感情真的變得很好。我們會彼此幫忙照看孩子、一起耕作小農地、一起喝酒開趴。建立起很理想的關係。」勇輝非常重視社區的最小單位「家庭」。假如說家人就是一起生存、生活的存在，那麼鄰居其實也算是一種家人。他開始發現，建立起這種可以稱之為家人的社區，就是自己的理想生活。

在藤澤生活的9年，跟附近的5個家庭形成宛如大家族的關係。孩子們也都像兄弟姊妹一樣。

始於寄居的京都、藤澤雙據點生活

在藤澤生活了9年，之後會發展為雙據點居住，完全出自美和的直覺。２０２０年，當美和走在因新冠疫情頓失觀光客的京都街頭時，深深沉醉於當時的氣息。「腦中浮現出買了花跟麵包，沿著鴨川散步的幸福畫面。心想，如果向先生提出想住在京都，說不定真能實現。

京都鴨川是孩子們的遊戲場、也是大人放鬆的地方。美和小姐也是因為迷上鴨川的景色才決心移居。

由此開始了雙據點生活。」

為了找房子跟工作，1個月大約有7～10天會帶著3歲和5歲的兒子，全家寄居在京都朋友家。實際居住的過程中一邊建立起工作網路以及各種關係，漸漸喜歡上京都。半年後找到的，是從朋友家徒步可至、月租4萬日圓的老町屋。這個屋子裡沒有浴室、處處都有風從縫隙中灌進來，對交通費增加不少的本間家來說，這是抑制支出的重點。開始雙據點生活後，1年的支出大約增加了1百萬日圓左右，因此刻意想節省房租。「京都充滿了驚喜和學習。與其生活在氣派房子裡，把錢花在體驗上更加有趣，也更能帶來幸福。」

找學校的過程中，漸漸改變了移居的想法

其實在新冠疫情前，本間夫妻本來想移居到西班牙的巴斯克地區。但是眼看著新冠疫情遲遲沒有平

寄居中跟朋友家的孩子一起玩得很開心。在京都有朋友，對孩子們來説也是樂趣之一。

移居到京都後，有好一陣子都寄居在朋友家的町屋找房子。

息，只好暫時斷了移居巴斯克的念頭。這時他們才開始認真思考孩子在日本上學的事。

「老大隔年就要上小學，我實在不覺得他去一般的學校可以開開心心地學習。為了找到能更自由學習的學校，我參加了很多線上參訪，也索取過很多資料。當時朋友介紹我一間長野很特別的私立學校。」一勇輝本來覺得「上當地公立小學就好」，但是他很好奇有什麼更好的教育形態，在查找的過程中漸漸接受了為了升學而移居的可能。

考慮全家移居時，第一道關卡就是跟伴侶價值觀的不同。本間夫妻在移居京都、長野時也分別遇到了阻礙。不過透過對話，再次溝通彼此的認知，兩人也得以重新定義這就是家族的幸福跟理想的生活方式。在長野的生活配合孩子的學期，從4月開始。孩子們已經展開愉快的學校生活，夫妻兩也跟著孩子們初嘗山間生活的樂趣。

在京都租的是一間沒有浴室的老舊小町屋。這裡通風很好，寒冷冬天裡一家四口總是緊緊依偎著彼此。

想讓孩子認識
許多不同類型的帥氣大人

旅行過各種國家、看遍許多美麗風景之後，他們覺得與其看到漂亮美景，認識形形色色的人，對孩子和自己來說都是更加有意思的事。

「兩年前我們去東北旅行。當時的主題就是『認識帥氣的大人』。我們每日去拜訪農家、漁夫，跟他們一起收割高麗菜、搭船，希望孩子們可以在過程中知道『社會上有這麼多帥氣的叔叔阿姨』。我們家

另一個據點，長野縣御代田町。這是個很小的城鎮，十分開心附近鄰居都很親切。

是男孩，希望到他們青春期時除了自己爸媽還能有其他可以商量的對象、遇到麻煩可以依賴的人。」

上：在長野的假日會跟著當地大叔們去採山椒。
左：在長野放學後跟朋友們輪流分擔孩子們的課後安親。

對孩子們來說，住在京都或長野並不重要，重要的是學校開不開心、能不能自由玩耍，這些在他們半徑1公尺內伸手可及的世界是否有趣。其中家人是不是可以開心愉快地生活，也是很重要的一環。活在許多關係當中，對本間家來說是非常非常幸福的事。在藤澤建立起的「家庭樣貌」，他們也開始在長野嘗試。很快地，他們已經跟新朋友一起聚餐、過夜、彼此輪流幫忙接送和做便當，形成一種「類大家族」的關係。

在京都探索、在長野耕種，本間家的新生活方式

「在京都我們有更多機會接觸文化或者創作，夫妻兩人的好奇心都深受刺激，想要更深一步的探究。相反地，長野是個自然環繞、非常自在舒適的地方。正因為這裡的城鎮規模小，才能夠跟在地人建立起面對面的來往關係。雖然也很喜歡在旅行中生活，不過總覺得現在來到了想要有扎根落地之處的時期。既然在一個地方租了房子住下，也希望能夠提供價值，讓大家覺得有我們在很好。考慮到這些，就覺得最多雙據點的生活，對我們來說恰到好處。」

無論是京都或長野，都沒有想索求什麼、消費這些地方的感覺。唯有思考自己可以在這些地方做什麼、能夠給出什麼新提案，帶來更有趣的點子。本間家在兩個據點都已經扎下根基，今後不知會冒出什麼新芽、結出什麼果實？

本間家的移居 DATABASE

Before After

	移居前		移居後
居住地	神奈川縣藤澤市	→	京都府京都市、長野縣御代田町
家庭結構	4 人 （夫婦、兩個孩子）	→	相同
住處	租賃的 三房兩廳平房＋庭院	→	京都：兩層樓高的町屋 長野：寄居朋友家、正在找房子
工作	自營業	→	自營業
興趣	衝浪、和服	→	器皿、飲食、溫泉、露營

Question

移居的原因	原本打算移居西班牙，因新冠疫情打消念頭，先擁有京都這個第 2 據點，1 年後將主要據點轉移到長野。
決定移居地點的關鍵因素	美和拜訪京都時受到吸引。
交通條件	京都靠電車或步行。長野主要開車， 兩個地方的公園都有免費的寬闊停車場。
公共服務的充實度	京都如果沒有入戶籍，就無法將孩子託在公共設施。長野在開車可及的距離有醫院、圖書館等設施。
收入和支出的變化	每年大約增加 1 百萬日圓左右的支出。 特別是移居長野後多了暖氣、汽油費用和學費。 相對地也增加了工作份量來提高收入。
是否利用支援制度	無
鄰里關係	兩邊都有越來越多家族間彼此往來的朋友。
移居後的好處	長野可以生活在自然中。 京都能享受到文化的刺激。

助你一圓京都夢的加油團

京都移居計畫

擁有風雅的町屋小徑、寺社佛閣、美麗的櫻花楓紅，向來是熱門觀光地的京都，相信許多人都非常嚮往。「京都移居計畫」的目的，就在於幫助大家移居到京都。

京都住起來如何？

這是一個大約140萬人規模的都市，不過大也不會過小，大小恰到好處。有人覺得京都對外地人很嚴苛，但其實京都人十分珍惜跟地區內或跟鄰居的緣份，不太會感受到都會區的冷淡。另外京都也有許多櫻花或賞楓紅勝地，住在城市裡就可以享受到四季之美，但因為地處盆地，氣候特徵是四季寒暖差異大，夏天很熱、冬天冷到骨子裡。

何謂「京都移居計畫」？

「京都移居計畫」是始於2012年的團體，針對希望移居京都者提供「移居支援專案」。了解移居者希望在京都過什麼樣的生活、從事什麼樣的工作等期望，提供資訊降低移居京都的門檻。具體來說，例如為了降低「歸屬」、「工作」、「居住」等門檻，透過活動、網站，有時甚至個別提供相關資訊。

京都移居計畫

可以提供這些幫助！

「歸屬」
居

透過「京都移居茶論」建立社群

「提供考慮移居的人、已經移居的人彼此交流的場域！」在這個概念之下產生了「京都移居茶論」這個以打造歸屬感為目的的活動。說到移居，除非是返鄉，否則多半是搬到一個沒有熟人朋友的地方，很多人剛開始都會覺得孤獨。但如果有個地方能讓在地人跟移居到京都的人建立交流，如同是移居到有熟人的地方。在移居前先交到朋友，就能免除孤獨、更加安心。基於這個目的，舉辦了許多讓參加者能互相溝通交流的工作坊。

「工作」
職

在網站上介紹京都特有的工作機會

跟一般求才網站的差異在於以中小企業為主，介紹還不為人知但很有趣的公司。比方說維護町屋景觀、進行設計施工的工務店，或者從「手捺染」（手工絹網印刷）到噴墨都有的染物公司等，刊載的都是必須一家家直接訪問後才會知道的資訊。同時還進行個別諮商，配合每一個人的工作模式。

「居住」
住

能跟屋主直接接洽、深具京都風格的房屋

在京都移居計畫網站內介紹的房屋，有很多可改裝的物件，可以依照自己的想法去調整後入住。另外還可以接受由求才和不動產專家所組成的「職住一體諮商會」，同時諮商工作跟住處。想住在有京都風格的房子、尋找可以住家兼工作室的地方等等，不妨逛逛網站找一下自己偏好的條件。

這樣的移居也 OK ？

真實案例 我的京都移居計畫

＼ 聽聽這位的意見！ ／

京都移居計畫代表

田村篤史

從東京回到京都，2012 年設立京都移居計畫。成為全國 20 多個地區移居計畫的範本。Tunagum 負責人，推動增加地方生活、工作選項的計畫。

同樣是移居，理由各有不同。
負責移居諮商的田村篤史，
告訴我們，
如何協助個案進行移居。

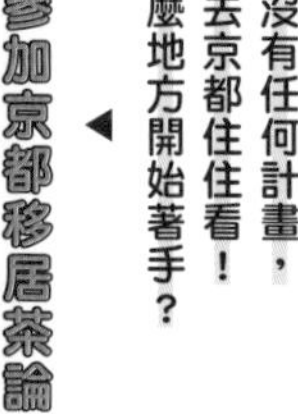

Q 雖然還沒有任何計畫，但我想去京都住住看！該從什麼地方開始著手？

A 先參加京都移居茶論或到移居協助中心走一趟

如果還不急著立刻移居，非常建議先參加京都住茶論。首先知道當地住著什麼樣的人，然後再嘗試描繪自己未來的生活或理想。了解對方的興趣愛好，便可據此交換資訊。目前活動不定期舉辦，也可以參考京都市移居協助中心的網站等。

京都移居茶論不管移居前後都可以參加。

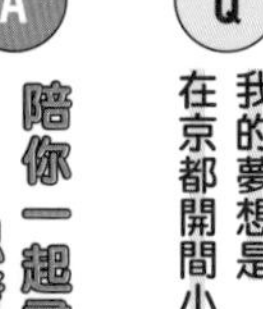

Q 我的夢想是在京都開間小店。

A 陪你一起尋找空屋資訊、思考開店方法

開店的方法很多。京都移居計畫可以配合期望介紹商店街的空店舖、媒合租用其他店家的一角。也有些人不立刻開店，而是先定期展售，等累積忠實顧客後再正式擁有自己的店。如果還沒有明確想法，京都移居計畫也願意先聽聽你想做的事，透過交談慢慢摸索落實夢想的方法。

不只移居，也可以進行創業或副業等諮商。

Q 導入遠距工作後，再也不需要去公司上班！在京都也可以兼顧工作嗎？

A ▶ 介紹共享空間的資訊

提供京都共享空間和共享辦公室的資訊。例如有在東京ＩＴ企業任職的人移居京都，現在以完全遠距的方式持續工作。還有在東京經營諮商公司的人，受新冠疫情影響不便行動，因此讓公司轉為完全遠距工作模式，在京都設置辦公室的人。

介紹各種不同用途的共享空間及辦公室。

Q 想跟家人一起住在京都。哪裡適合悠閒的生活？

A ▶ 想不想體驗京都府內的鄉間生活？

為了尋找育兒環境等，想追求自然豐富或務農生活的人，不妨考慮一下京都市內郊區，或較鄉下的市町村。京都府也有設置移居到各市町村的諮商窗口，協助各項移居事宜。許多資訊都統整在京都府移居資訊網站上，歡迎參考。

一樣是京都，但也分成農業興盛、距離京都市不遠、接近山海的地區等等。

還有這類活動

一邊認識新朋友一邊認識京都的「飲食」！

以舉世聞名的美食地區巴斯克飲食文化為範本，正推廣到全國各地的「美食俱樂部」。這是一個大家各自帶來食材、一起料理享用的會員制「共廚」社群。除了愛下廚或者愛美食的人之外，還有許多住在當地的蔬果店、佃煮店、廚師參加，移居到京都來的人可以藉此機會接觸飲食文化，交上當地的朋友，一舉兩得。

活動地點在跟京都信用金庫共同營運的 QUESTION 大樓 8F（DAIDOKORO）。

所謂的多據點生活。

又多了一種自由的生活方式
極受歡迎的「定額暢居服務」

多據點生活方式當中，有一種極受關注，
就是能夠以固定費用、住遍全國喜歡的住宅的生活方式——
「ADDress」提出的這項服務翻新了老屋和閒置空間，
由溫暖的房子和深具個性的管家構成服務內容，
這種特別機制獲得了不同世代、許多使用者的歡迎。

讓全國空屋都變成「我家」
多據點居住的新型態

「定額暢居服務」是指每個月只需要支付固定費用，就可以自由選擇日本全國有合作的空間入住，實現高自由度的生活方式。由於遠距工作和辦公度假的普及，這類服務的認知度迅速攀升，在這其中，ADDress所提供的房源主要是將狀態好的空屋或者閒置空間加以翻新。費用每個月4萬4千日圓（含稅），包含電費、瓦斯費、水費，以及無線網路費用。設施裡有完善的家具和家電。會員除了可以入住單人房或多人房外，也可以在客廳活動。可入住的房子有充滿木質溫暖的日式房屋或者老屋等，每間1個月最多可停留14天，感覺就

南房總宅

眼前就是透明度高的富岡海水浴場，很受水上活動愛好者歡迎。過去曾經是民宿，因此館內設備非常充實。

鎌倉B宅

位於北鎌倉徒步3分鐘的小山丘上。原本是知名東洋考古學老師的家。

像回鄉下老家一樣。這項服務深受20到40多歲廣泛年齡層和職種的歡迎，跟2019年服務初期相比，會員數已經增加為5倍。

連接地區和會員的管家打造出新的社群

ADDress採多位會員同時使用一棟房屋的共享房屋形式，跨越世代和社會地位、形形色色的人能共聚一堂為其最大特徵。大部分人都是第一次認識，不過每棟房子裡安排的社群管理經理人「管家」，會協助入住的會員之間以及跟當地人的交流，也會規劃當地特有的體驗活動等等。

許多管家都有著獨特的個性，比方說逗子A宅的管家廣川先生，同時也是戶外活動的潛能教練，藉此拉近了跟當地漁夫們的關係，提供會員們漁師體驗的活動。

廣川先生表示：「人在自然裡可以有所改變。我希望大家來到逗子，接收到好的刺激之後可以放鬆心情，又有力氣去面對明天。」另外有些管家會跟當地人租下農地、規劃成共享農場，或者鼓勵大家參加活化地方的活動，每一位管家規劃的活動都是會員的重要支柱。

在這裡形成了與地方一體的社群，因此會員才能以「生活者」的身份融入地方，而不僅僅是觀光者。可以同時享受都市和地方雙重樂趣的ADDress，可說是帶給新世代豐富體驗的嶄新生活型態。

ADDress的特徵

- 房屋位於日本全國160多處（截至2021年5月），遍及所有都道府縣。有都市近郊、也有自然豐富的地區等，地點各有千秋。
- 除了將狀態好的空屋或別墅翻新改裝，也有合作住宿設施提供的單獨房間。
- 每月4萬4千日圓起，包含所有瓦斯費、水電費、Wi-Fi費用。
- 由別具個性的管家，協助入住期間的大小事。
- 有完善的Wi-Fi、寢具、廚房、烹飪用具、家具、洗衣機等。

[預約規則]
- 每物件1個月最多入住14天。
- 同一間單獨房間最長只能連續預約7天。使用中若之後無人預約，同樣房間最長可預約14天。
- 合約為期1年。最少使用3個月。
- 無需預約，在合約期間另行支付費用可享有隨時可使用的專用床位。亦有單獨房間類型。
- 可登錄戶籍。

ADDress的案例 #1

久米 惠

在改變「生活地點」的同時
享受與有趣的人相識的樂趣

加入 ADDress 定額暢居服務後，
實際上可以享受什麼樣的生活？
讓已經入會大約 2 年、
透過 ADDress 在 40 多個地方生活的久米惠來告訴我們。

久米惠

自由寫手。生於大阪府。大學畢業後陸續從事過幾份工作，之後利用打工度假的制度赴英。目前為會員制網站的寫手，以及個人生活型態諮商的生活設計師。

所謂的多據點生活。

放置於餐廳的桌子，可用餐也可工作，隨需求可靈活調整使用方式。

「竟然有這種服務？」驚訝之餘立刻決定入會

久米惠從小生長在大阪，是個道地的大阪人。大學畢業後做過幾份工作，但心裡總覺得「不太對勁」，於是在即將滿30歲時下定決心，利用打工度假到英國留學2年。住在匯集了多國籍人種的倫敦，她確實地感受到「可以放心接受原本的自己」，是一段十分珍貴的歲月。她甚至覺得可以在英國定居下來，但後來因為簽證的關係不得不回國。再次回到大阪，一邊從事事務工作，同時也自己創業，銷售素來感興趣的古董雜貨。

但是後來她發現自己對物品的執著漸漸淡薄，對自己的工作也產生了疑問。這時她決定暫時放下一切，先留一點時間看清楚自己。

「當時我因為工作的關係每個月會到東京兩次，所以也想過乾脆住在東京。那該住哪裡好呢？在我搜尋各種資料時，看到了ADDress這項服務。」

「一開始我很驚訝，沒想到會有這種服務。能夠住在不同地方這一點很具吸引力，說不定也可能在這些地方當中發現自己特別喜歡的地點。服務內容實在太符合我的期待，我還關掉了視窗，告訴自己先冷靜一下（笑）。之後我又看了申請頁面好幾次，仔細想想，雖然有點猶豫，但還是依然很想嘗試，於是就加入了半年計畫。我的動機是希望徹底換個生活環境。為此需要有些巨大的變化。」

千葉縣的習志野宅中有久米的專用床位。除了 2 間和室、4 間西式房間之外，還有寬廣的客、餐廳，會員們可以在這裡聚會。裝潢以屋主蒐集的古董家具為主軸，風格瀟灑沉穩。

所謂的多據點生活。

所到之處都是第一次，每天不斷變化的生活空間

入會後久米在東京二子玉川的家有專用床位，由此展開前往全國的多據點生活。自從開始成為自由寫手，她也整頓好能遠距工作的環境，一有時間就會換屋，住過許多不同房子，跟當地交流，開啟了充實的生活。

現在ADDress的物件數量在日本全國有160件以上，兩年前久米入會時大約只有20件左右，其中許多都位於交通不太方便的地方。距離車站徒步半小時的物件也很多，她也曾經詫異地驚呼：「這種地方到底要怎麼去？」

「有很多都是一般的住宅區，或者非常鄉下的地方，假如不是因為在ADDress系統裡，很多地方我根本不會去。可是特地走這麼一趟反而會覺得很有趣。真的會覺得自己的『生活地點』在不斷變動。對，比起旅行，更像是要去當

屋主心愛的古董大時鐘，是習志野宅的象徵。放置在玄關。

書架上放著管家和會員喜歡的書，人人都可以自由借閱。

住宿者的名字和預定計畫都寫在白板上，可以確認所有人的動向。

地生活。所以以我來說，假如能預約到，我都會在同一個房子住5～7天。到了之後先在附近逛逛，觀察一下超市、公共澡堂、餐廳等地方。用在這裡生活的視角來逛，真的非常有意思。」

的確，除非當地有認識的朋友或親戚，否則很少有機會會去一個並非觀光區的普通住宅區。只要申請就有機會用低廉的價格入住，確實是很難得的體驗。

實際上也真的有人透過ADDress的服務喜歡上一個地方，因而決定移居。

這麼想來，對考慮移居地方的人來說，利用ADDress體驗短期間生活，可以成為移居的第一步，是相當方便的系統。那麼實際上多據點的生活是什麼狀況呢？

沒有複雜的規則，自由生活的自在感

假如是一般民家，那麼屋內除了單人房和多人房以外，會有廚房、客廳、浴室、廁所、洗臉台等公共空間，大家一起討論使用順序等規則，或者互相體諒。三餐基本上各自處理，但有時會在管家的安排下大家一起做菜或者外食。

「其實沒什麼規則，基本上都仰賴每個人自己的判斷。前幾天我正在做飯，一位男性會員來到廚房，我問他要不要一起吃，對方問了聲：『方便嗎？』很高興地答應了，我就連他的也一起做了。為了答謝，他送了我旅行時帶回來的伴手禮。這種交流都很新鮮有趣。真的很輕鬆，會看當場的氣氛決定自己想怎麼辦。把自己買來的東西放進冰箱時，會寫上自己的名字。有時也會有人不小心吃掉別人的食材（笑）。有時候也會帶自己推薦的桌遊跟大家一起玩。系統裡的房子多半沒有電視，但有時候也可以享受一下家庭劇院的樂趣。」

ADDress最大的樂趣就是認識充滿魅力的人

ADDress的機制是透過利用空屋來帶動地區的活化。但是久米說，如果單純換一個地方住，或許魅力還沒這麼大。她之所以持續這種生活將近兩年，很重要的原因之一就是各家的管家，看著每個人的生活、工作方式，就能學到很多東西。

「比方說千葉縣南房總宅的橫山

所謂的多據點生活。

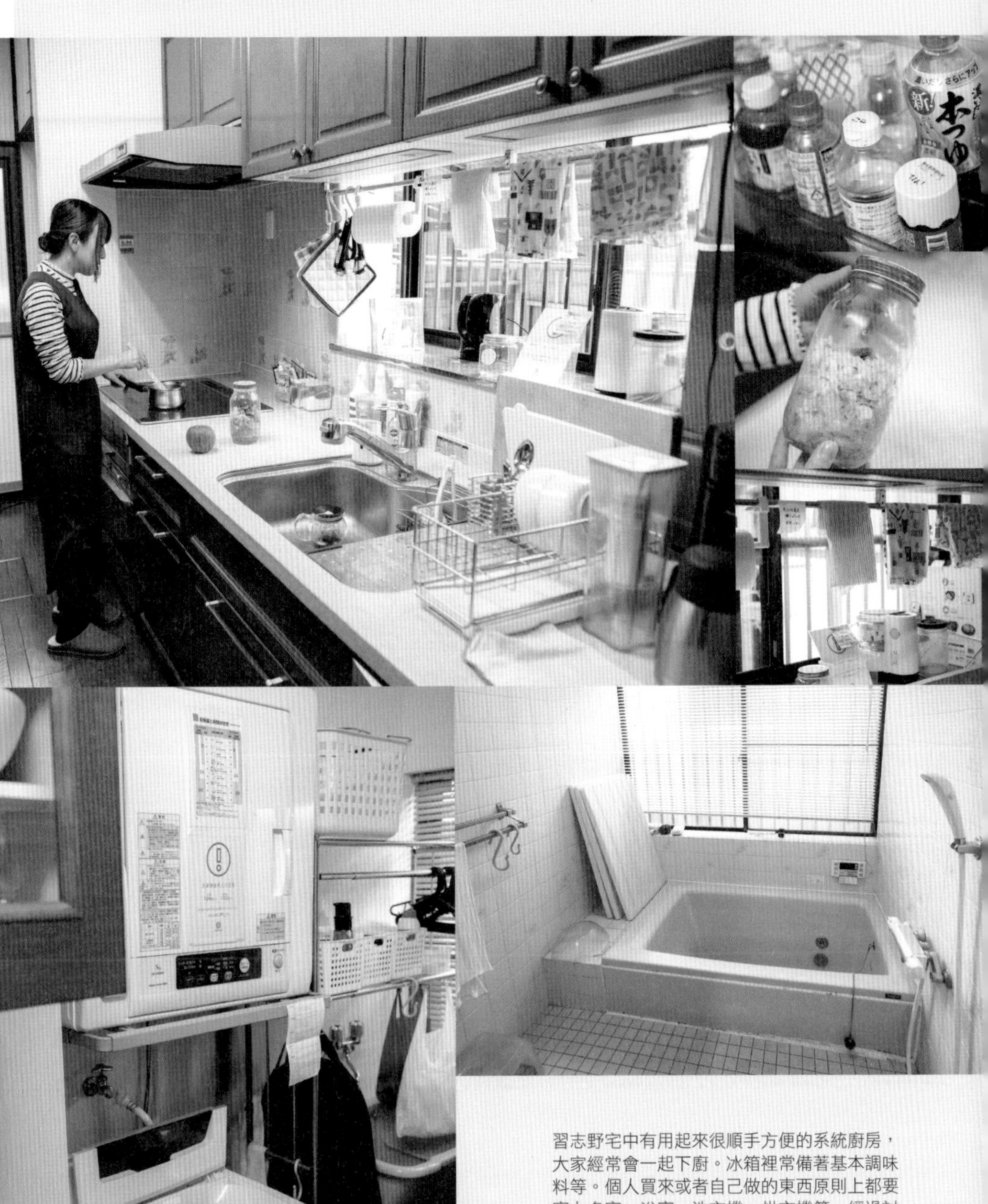

習志野宅中有用起來很順手方便的系統廚房，大家經常會一起下廚。冰箱裡常備著基本調味料等。個人買來或者自己做的東西原則上都要寫上名字。浴室、洗衣機、烘衣機等，經過討論後決定使用順序先生出生於1937年，是最年長的管家，同時也是還在活躍中的攝影師。他是虔誠的基督徒，經常會聊些很有深度的問題，讓我有機會重新檢視自己。橫山先生每天都會在法華崎海岸拍夕陽，我也會跟他一起去看著太陽慢慢沉入海面。那1～2個小時，我只是呆呆看著天空時刻變化的色彩，一邊思考自己。在日常中能夠有這樣一段時間，我覺得非常珍貴。」

不只是管家，ADDress裡可以遇到很多不同的人，男女老少、形形色色。這也都是很難得的體驗。

「在這裡認識的都是偶然遇到的人，不受成見和慣性約束，也因為如此讓我覺得新鮮又有趣。這裡也沒有利害關係，我們不知道彼此的頭銜，單純透過彼此的人性在接觸，可以建立起很對等的關係。彼此只不過是今天剛好在同一個房子裡相遇的人，就是這麼簡單的關係。這讓我覺得非常舒服。有時候可以由此延伸出相關的工作，也有可能擴展自己的興趣。我覺得這是一個非常好的場所。」

當然，在會員當中也有人不喜歡距離這麼近的交流，那也沒問題。比方說有人入住是為了方便遠距工作，就算一直關在單獨房間裡工作，不跟任何人對話，也沒有任何問題。基本上再長也只會停留1～2星期，能夠不打亂個人生活步調來運用，就是跟定居式共居公寓最大的差異。由於這裡自由度高，任何人都可以輕鬆申請。

「在 ADDress 可以有很多意外的邂逅和發現，非常推薦對人生有迷惘的人來。」久米如此說。

所謂的多據點生活。

不斷移動感覺疲累時，可以在這裡稍微休息

大概約2年的時間，一直充滿活力地換屋，在新的地方增廣見聞、與人相遇的久米，也曾經對不斷在移動的生活感到疲累而想休息一陣子。這時她跟千葉縣習志野宅這個深受歡迎的房子簽訂了專用床位的合約，另外也尋找租房，但最後還是沒有選擇完全脫離多據點居住的生活方式。

「我一度休息，以習志野為據點，心情穩定了不少，對這種生活的看法也改變了。之前都是我去拜訪別人，但這次輪到我成為接收者，在精神上達到很好的平衡。這又讓我湧現想求變化的心情，決定再次踏上探訪其他住處。ADDress的生活真的很有意思。知道了這一點之後，就打消了在某個地方定居的念頭，我打算繼續享受一下現在這種生活。」

只要把行李裝進一個行李箱跟一個後背包裡，就能開始多據點生活的久米小姐。「餐費和交通費出奇地高，所以我現在不太買東西。」

ADDress的案例 #2

江島健太郎

與人交流的旅行，成為療癒的力量
這樣的生活令人難以放棄

ADDress 使用者之一，江島健太郎，
在東京有定居據點，
他隨時將電腦、手機、皮夾塞進包包裡，
為了尋求與人的邂逅，享受換屋的樂趣。

江島健太郎

上班族。出生於香川縣。小學就開始從事電腦遊戲開發。京都大學工學院畢業後曾經任職日本甲骨文、Infoteria（譯注：現已更名為 Asteria），之後前往美國矽谷。目前為總公司位於美國的大型知識共享平台「Quora」的日本首位員工，擔任技術傳教士。

所謂的多據點生活。

走一趟寺院巡禮後，體會到與人對話的意義

江島健太郎每個月有一半時間住在東京都內附家具的公寓，剩下的一半都在ADDress渡過。我們採訪他的地點，是位於還留有漁村風情的逗子市小坪這個地方的逗子A宅。「其實今天是我第一次住這裡。」笑著迎接我們的江島非常親切和善。不過其實他還有另一個身分，那便是全世界最大知識共有平台「Quora」的日本首位員工，是享譽日本國內外的知名軟體工程師。他長年在美國工作，建立起現在的地位。因為個人原因他前幾年回國，嘗試在老家香川縣創業時，受到Quora的邀約前往東京。員工只有他一個人，在哪裡都可以工作，於是他決定開啟ADDress生活。但他也並非從以前就很習慣這種生活，一次機緣下推了他一把。

「幾年前身邊親近的人過世了，在我心情很沮喪時，寺院的住持建議我去走『遍路』。老家雖然在四國的香川縣，但是過去對於四國盛行的寺院巡禮『遍路』沒有半點興趣，帶著半信半疑的心情上了路，很奇妙地，不知不覺中我開始把自己的私事說給同行的陌生人聽。而且說著說著，竟然覺得心情開朗許多，發現原來在旅途中跟人交談，對我來說有這麼大的療癒效果。」之後他回到紐約，大約一整年的時間有生以來第一次嘗試與別人共享房屋，親身感受到跟不同價值觀的人一同生活的新鮮感，回國之後也希望在日本有同樣的體驗，最後找到的就是ADDress服務。

放下行李後，生活頓時變得簡單許多

江島幾年前開始斷捨離，放在自家的東西現在已經少到2個紙箱跟1個行李箱。「對我來說，說得極端一點，只要有電腦、手機和錢包就可以滿足大部分的需求。所以移動時要打包也很快。衣服都只買快時尚，盡量簡單，就可以把換洗衣服控制在最小限度。」縮小自己的生活，無論到哪裡都可以靠最低限度的東西過日子，這無疑是享受換屋的一種技巧。

到每個新住處時，直到當天為止都不知道會有誰、多少人住在這裡，這又是一種一期一會的樂趣。

「大家聚在一起彼此認識之後，可能會一起出去吃點東西，或者在廚房裡一起做菜等等，都是當場才決定，這些都會由管家出面協調，並不會讓人特別不安。有時候還會遇見老面孔，可以敘敘舊。就像虛擬家族一樣，讓人覺得很自在。我覺得在這樣的關係當中成長，才是人類原本的樣子。在ADDress可以實現這一點。不管是會員還是管家，會對這種新服務感興趣的人，通常都深具個性。跟大家聊天真的很開心，可以獲得很多刺激。」

江島已經跟其他會員建立起橫向連結，如果聽說「那個地方很不錯喔」，就會列為下一個目的地。去採訪他的時候，正好是他花一星期時間依序從藤澤、逗子到南伊豆的途中。一個地方大概待2~3天。不管去哪個地方，他幾乎不去觀光，只是接二連三地認識新的人，享受富足的時間。

老屋特有的問題，也可以當作一種樂趣

ADDress系統裡的房子多半是翻新的老屋，對於習慣都會生活的人來說，或許多多少少會感到不方便，但這其實也是一種魅力。

「的確，窗戶很難開、沒有熱水等，有些地方確實會有這類問題。像我就曾經遇過門鎖打不開、進不了門的房子（笑）。但是連這些事也都當作一種樂趣就好了。可能有人會因為這些問題感到有壓力，那或許很難強求要樂在其中，但是對於渴望變化的人而言，這會是相

江島先生跟具有野外研習引導人執照的管家廣川，這一天是初次見面。兩個走過完全不同人生的人有聊不完的話題，很快就意氣相投。

所謂的多據點生活。

當難得的體驗。現在系統裡的房子漸漸增加，起初每個區域的房屋數參差不齊。有很長一段時間名古屋周邊都沒有據點，這會拉長交通時間，很不方便。於是我提出了要求，『希望可以增加中部區域的房屋』，後來也真的增加了。讓我確實感受到這是個重視會員聲音的體制，非常開心，今後也可以放心地繼續使用。」

木製廚房吧檯和露出屋梁的天花板等，到處都可以感受到用心的廚房。左邊是放了矮桌的用餐區。

非常乾淨整潔的兩層西式房間，空間不大但應有盡有。江島今天就住在這間逗子 A 宅。

可以體驗漁夫生活的逗子 A 宅裡，有完善的廚具，可以在這裡殺魚、下廚，共享愉快的時間。

實現多據點生活

住居訂閱服務

另外還有很多其他類似 ADDress 的「定額暢居服務」。每一種服務的系統和提供的內容都不一樣，請確實理解之後，選擇最適合自己的一種。

據點不限於日本，擴及全世界

HafH

https://hafh.com/

在日本和全世界36個國家共有782個據點、約3千個房間。從度假飯店、溫泉旅館、商務旅館到背包客棧等提供各式各樣的旅宿，可依照喜好來挑選。每一間都附有電源、網路、床鋪。最受歡迎的方案為每月住宿5晚以內、費用1萬6千日圓的「微HafH」。使用後賺取的HafH幣，之後可用來換取房間升級的服務。

●費率方案

方案名稱	可利用天數	每月使用費	推薦給這樣的你	可賺取的 HafH 幣
HafH 人	1 個月	8萬2千日圓	適合無特定據點的「換屋愛好者」。加 100HafH 幣可自由選擇單獨房間。	500
HafH 常客	10 晚	3萬2千日圓	1 個月有 10 天可以體驗多據點生活。不一定需要連續使用，就職活動等也可以使用這種方案。	200
微 HafH	5 晚	1萬6千日圓	興之所至可以來個「在旅行中工作」的方案。旅行時也可以使用。	100
HafH 試住	1 晚	3千日圓	1 個月有 2 天可以體驗「在旅行中工作」。期間限定方案，結束時期未定。	-

背包客棧無限次住宿

Hostel Life

https://hostellife.jp

提出「用多據點生活拓展通勤圈」的口號，以每月1萬6千5百日圓起的金額購買「背包客棧護照」，就可投宿旗下的背包客棧、民宿。全國可使用的設施共39處。不管單身或情侶都有可使用單獨房間的方案，房間由員工負責清潔，也是一大優點。在公共空間交誼廳可以跟其他住宿客一起聊天交流。

活出自己，活出自由

Living Anywhere Commons

https://livinganywherecommons.com

以實踐「在喜歡的地方做喜歡的事生活＝Living Anywhere」為目的的社群。成為會員後可以使用日本各地由共享空間跟長期租用空間所組成的複合設施，目前有14個據點，以1百個據點為目標逐步擴大中。除了每個月2萬5千日圓的方案之外，還有單次支付或支付回數券。

飯店的訂閱服務

2021年三井不動產飯店管理公司開始販售「全國HOTEL護照」，能夠以住宿30晚、15萬日圓的費用，入住全國35間「三井花園飯店」和「sequence」，限定名額1百名，卻湧進8倍的申請人數。另外goodroom公司的「飯店護照」等類似服務也非常值得關注。

CHAPTER 3

Change How and Where We Work

SOME STORIES
改變工作方式

新的工作形態、返鄉、嚮往的工作、實現創業夢……。以「移居」為踏板，尋找適合自己的工作方式。

改變工作方式 1

遠距工作 實現快意生活

東京都↓
長野縣富士見町

橫田博之以遠距方式持續上班族工作，實現移居夢想。
讓他來告訴我們遠距工作下的移居生活是什麼樣子。

橫田博之

上班族。因為公司導入遠距工作制度，2021 年起跟伴侶一起移居。假日享受戶外活動生活。

富士見森林辦公室

位於長野縣富士見町的共享空間、共享辦公室。同時也是住宿設施。成為移居者、期望移居者聚集的社群空間。
https://www.morino-office.com/

「富士見森林辦公室」的共享空間。窗戶外就是南阿爾卑斯的群山。

連結不同移居者，溫暖可依靠的社群

從筆電上抬起頭，就可以看到八岳映入眼簾。橫田每天遠距工作時都可以沉浸在這樣的風景中。他跟伴侶在２０２１年2月一起移居到富士見町。「剛移居時買的車還沒交車，去買個食材來回都得花半個多小時，但印象深刻的是山很漂亮。在地人可能覺得這些景色很理所當然，不過我們光是散步就覺得很開心了。」

橫田在移居之前就跟富士見町有一點點淵源。住在長野縣的朋友帶他來過這裡，當時他便覺得這裡是個「很美的小鎮」。他跟經營「富士見森林辦公室」的津田賀央也在東京見過。同樣是移居到富士見町的津田賀央於２０１５年創立了這個設施，包含了共享空間、共享辦公室以及宿泊機能。移居者們可以在這裡交換資訊，發起新企劃，透過這個空間產生十分活絡的交流。新移居來的人可以帶著輕鬆心情跟「森林辦公室」的員工商量，或者請他們幫忙介紹移居前輩等等，加深與當地的交流。

職場導入遠距工作與政府支援，刺激了移居念頭

橫田原本跟伴侶在東京都世田谷租房居住。移居到富士見町，是因為好幾個因素交疊所做的決定。首先是因為新冠疫情的擴大，在東京都內他任職的公司從２０２０年２月起實施完全遠距工作制度。

「本來會看狀況再重啟辦公室，後來就一直是遠距模式了。考慮移居，一方面是新冠疫情下一直不能去公司，另一方面是２０２０年年底，在網路上看到一介紹富士見町公所提供移居者房租補助的相關報導。森林辦公室也協助提供這些移居支援。自己正處於遠距工作中的狀況，之前就已經知道的富士見町和森林辦公室，再加上有房租支援的資訊，這些串連在一起，讓我馬上決定去申請富士見町的房租補助金。」

富士見町的房租補助金額每個月

8萬3千日圓，最長提供1年。中請後需要跟公所負責人還有津田賀央透過線上面談，然後很順利地獲得了補助，橫田立刻決定要移居，也獲得公司的許可。

跟橫田一樣熱愛露營和戶外活動的伴侶也贊成移居。伴侶是舞台劇演員，同時兼任其他工作，她一邊持續舞台工作，晚了橫田1個月來到富士見町。

好的團隊合作，遠距的工作方式

剛開始遠距工作時充滿了不安，比方說有些員工家裡有小小孩，或者有人對於在家工作本身感到有壓力，站在管理者的觀點，也擔心不能好好管理部下等等。「幸好我們是團隊工作，尤其是最開始的3個月，透過線上方式開會交換彼此的心得、特別下了哪些工夫，偶爾也會發發牢騷，跟團隊夥伴一起慢慢調整出適合的工作方式。雖然不能直接跟大家見面會很想念同事，但是可以不去公司工作，還是利多於弊。」以遠距模式推動工作時，橫田最重視的就是優先順序跟時間管理。他將每天的工作任務標上優先順序，使用計時器，每集中工作45分鐘就休息10～15分鐘，重複這個循環。這是上司教他的方法，可以持續專注力、避免疲勞。橫田表示，這種切出不同時段來工作的方法會帶來成就感，現在他已經習慣遠距工作，覺得這種方式很舒適。

平時身處於自然中遠距工作，週末可以自在外出享受露營等戶外活動。

工作以外的活動範圍，變得更加寬廣

自從搬來富士見町，深刻地覺得與自然的距離變得更近了。橫田住在東京時也會跟伴侶還有朋友一起到長野、群馬、山梨等地方去露營，但長時間的交通和塞車讓他感到很有壓力。不過自從搬來這裡，只要開車20分鐘就可以露營。移居之後認識的朋友，也多半是喜歡享受大自然的人。有喜歡登山、攀岩的人，也有把露營時在帳篷裡蒸三溫暖的「帳篷Sauna」視為畢生志業的人，身邊多了能教會自己新鮮戶外活動經驗的夥伴，今後很期待可以跟這些朋友一起嘗試各種戶外活動。

他也開始挑戰一直很感興趣的農作和插秧。「我跟來到森林辦公室的人說：『難得來了這裡，想試試種田。』對方就替我介紹了家裡有田地的人，從種植大黃的苗開始教我，5月開始跟著一起學插秧。沒想到想做的事這麼快就可以實現，都要感謝這個地方。」

晴朗的日子，在清澈的空氣中種下大黃的株苗。期待收成的到來，仔細栽培。

另外還有一點，橫田覺得跟鎮上的人距離很近。小城鎮特有的交流方式，幫了他很大的忙。「移居的前輩們告訴我：『自己主動去問周圍的人，大家都會設身處地地幫忙，最好積極一點去攀談。』確實一點也沒錯。剛搬來時去跟隔壁的鄰居問個好，結果站在門口一聊就是半小時，慢跑時會有陌生人很隨意地跟我打招呼。去找公所的人商量，對方立刻把自己手機號碼告訴我，真是嚇了我一跳。」

這幾年富士見町的移居者越來越多，當地人也都抱持著開放的心態來歡迎大家，「喔，又有新朋友了呢。」附近的商店街似乎也多了不少有趣的店家，例如移居者開的咖啡豆烘焙店、對選書有特別堅持的小書店等等。

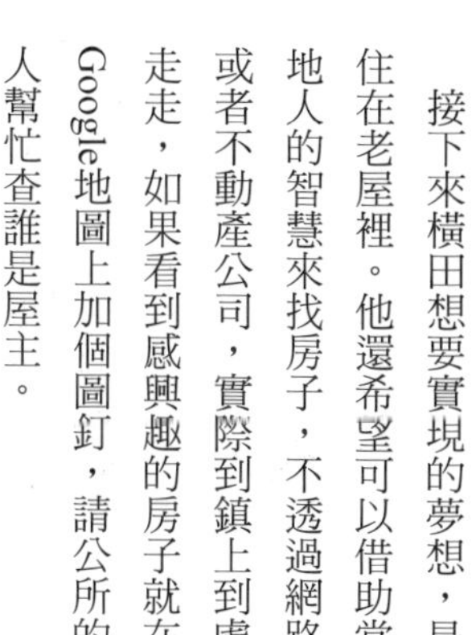

希望成為對地方有所貢獻的一分子

接下來橫田想要實現的夢想，是住在老屋裡。他還希望可以借助當地人的智慧來找房子，不透過網路或者不動產公司，實際到鎮上到處走走，如果看到感興趣的房子就在Google地圖上加個圖釘，請公所的人幫忙查誰是屋主。

「如果能找到老屋，我希望盡量用傳統的建材，打造一個不給環境帶來負擔的住處。除了自己的住處，還希望可以分租出去，或者提供作為民宿的空間，也想招待來自海外的朋友。身為這裡的一分子，我希望能夠以富士見的美好為傲。」自己能夠帶給地方的貢獻，似乎比住在東京時更大。

「工作上也是，比起被指派的工作，自己主動挑戰的專案要來得更加有趣。有過這種經驗後我更深信，把地方上的事當成自己的事來參與，更能給自己帶來豐富的經驗。住在世田谷的時候，我只是大約90萬區民的其中之一，但是這裡的人口只有大約1萬4千人。來到這個地方後，我跟周圍的人之間距離變得非常近。不管是遷戶籍、找房子，都可以在公所或者町會看到關照過我的人。建立起這層關係後，又更積極地想發掘自己能對地方貢獻什麼。」

橫田之前曾經在紐約住過4年，也曾經在餐廳從事過餐飲相關工作。他充滿熱情地希望能運用自己的經驗，給這個地方帶來貢獻。

對移居者提供的支援制度，鼓舞了實現的腳步

橫田從自己的經驗發現，地方政府的房租補助幫助了自己移居念頭的實現。「現在遠距工作或者移居支援已經成為一大趨勢，如果有感興趣的地區，不妨查一查當地地方政府提供什麼樣的支援。假如行動方便，親自到當地去看看、認識各種人，也幫忙當地的活動，我想有很多資訊都得實際到當地之後才能接收到。」冬天移居到這裡來的橫田與伴侶，十分期待接下來在這個地方迎接的各種季節。

與住在長野縣的朋友共進晚餐。品嘗著新鮮的蔬菜、蛋，地酒及紅酒，天南地北地暢談。

橫田的移居 DATABASE

Before After

	移居前		移居後
居住地	東京都世田谷區	→	長野縣富士見町
家庭結構	跟伴侶 2 人	→	跟伴侶 2 人
住處	租賃獨棟房屋	→	租賃公寓
工作	上班族（辦公室）	→	上班族（遠距工作）
興趣	戶外活動、露營	→	戶外活動、露營、自炊

以前喜歡在外面喝酒，但這裡的店家無關疫情、大約晚上 9 點就關門了。再加上很容易取得新鮮食材，自炊的機會變多了。

Question

移居的原因	公司導入完全遠距工作制度。以前就知道有富士見町這個地方、知道富士見町公所有房租補助制度。
決定移居地點的關鍵因素	以前就跟富士見町以及富士見町的移居者社群有連結。
交通條件	電車大約 1 小時 1 班，交通基本上靠開車。
公共服務的充實度	沒有感到不方便的地方。
收入和支出的變化	有 1 年可以接受房租補助，生活成本降低。
是否利用支援制度	富士見町的房租補助制度。
鄰里關係	自己很積極地向在地鄰居求助，為建立關係的主因。周圍的人都很親切地提供很多幫助。
移居後的好處	明顯感受到工作和假日的不同節奏，生活更加開心。休假時可以輕鬆享受自己喜歡的露營等活動，更接近自然，身邊有很多同樣愛好戶外活動的朋友。

東京都→
神奈川縣小田原市

改變工作方式 2

在交通方便的都心近郊 享受豐沛自然

將住處遷移到首都郊外的「100公里圈內移居」
因新冠疫情而備受關注。
來到一個方便又包圍在自然環境下的地方，
望月一家的移居故事。

望月幸美

上班族。因新冠疫情開始居家工作，再加上想在自然中育兒，2020年全家移居。

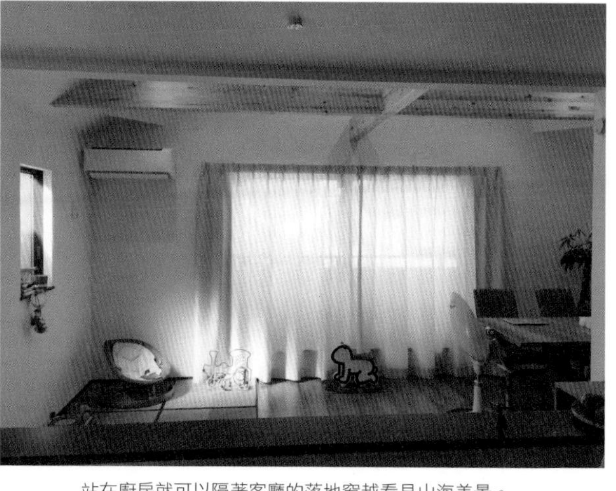
站在廚房就可以隔著客廳的落地窗越看見山海美景。

一眼就決定買下可以看見山和海的獨棟房屋

望月一家住在窗外可以看到山海的房子裡。望月幸美和丈夫樂姆克．雅柏森，還有女兒雅倪結3人，在2020年10月一起從都內移居到小田原市。考慮移居，是因為在新冠疫情擴大之下，望月長期持續在家工作。他們之前住在文京區一間兩房兩廳的出租公寓，在東京都內屬於閑靜的好地段，一家人都很喜歡，但是待在家裡的時間拉長後，難免感到侷促。1歲多的雅倪結也開始活潑地四處跑。但是在這樣的居住條件下，想帶孩子出去走走，到公園大概得走30分鐘，如果想嘗試一下戶外活動，到郊外要搭2小時的電車。「希望孩子能有多一點在外面玩的地方，也是我們決定移居的理由。」

雅柏森原本就在家裡工作，望月則在東京都內的公司上班。新冠疫情下導入遠距工作，雖然不再需要每天通勤，但是方便前往東京都內也是決定移居地點的重要條件之一。「一開始我們考慮的是東京都跟埼玉縣之間，但是從那一帶要到東京通勤得擠上塞滿人的電車。於是我們轉念一想，與其塞在滿滿都是人的『在來線』電車上半小時或1小時，還不如搭新幹線通勤，有座位的話還可以工作。」

列入考慮的新幹線通勤候選地點，有神奈川縣小田原市、靜岡縣三島市、長野縣佐久市。他們先找了小田原市諮商，窗口介紹他們可以從試住體驗開始。

「我們向小田原市申請的試住體驗是週五到週日的週末方案，住宿費用比一般旅宿便宜，還會幫忙介紹我們期望入住的地方，很親切地回應我們的問題，過程中一點都沒有負擔。去之前對小田原莫名地有一種很冷清寂寥的印象，可是實際去了一趟才發現很不一樣，比想像中好太多了，我們也覺得『假如是這個地方應該很適合住下來』。附近有很多餐廳，也有跟平時在東京買東西時一樣的購物中心。車站旁有商業和文化設施，可以感覺到當地政府很努力在促進街區活化。」

三天兩夜的試住最後一天，他們去看了房子。望月覺得每個月付公寓房租金額不小、又沒有意義，假如要移居，不如趁此機會買下屬於自己的獨棟房屋。原本計畫要買一棟已經翻新完成的中古獨棟房屋，但是在走進一棟新建房屋的那一瞬間，她立刻感覺到「就是這裡了！」「這棟房子因為是新屋，原本不在我們的預算之內，單純覺得反正人來都來了，不如看看吧，沒有太認真地走進去，沒想到當場就決定了。這是一棟兩層樓建高、四房兩廳的房子，客廳在2樓，天花板很高，是把屋梁全部外露的設計。寬闊的開放感、一開窗就能看見漂亮的山海景色，讓我們做了這個決定。」

這裡地理位置也不錯，距離小田原站徒步大約20分鐘左右。望月一家對小田原街區本身還有住處都很滿意，最後沒有再看其他候選地點，大約兩個月後就快速地實現了移居夢想。

前往東京都的交通超方便，通勤舒適的小田原生活

小田原特有的交通優勢也讓望月覺得很加分。其實望月在移居後換了工作，受到新冠疫情的影響，面試幾乎都在線上進行，所以住在小田原也不覺得特別不方便。新職場也在東京都內，不過從小田原到東京車站搭新幹線單程大約30分鐘，非常舒適又快速。「現在因為新冠疫情每星期只要去公司1～3天，但是搭新幹線一來有位子坐，又不需要換車，非常輕鬆。我覺得每星

在能遠望群山、朋友的田地裡，全家一起下田工作。

期最好還是能去公司一趟、跟同事見面交流，通勤這麼輕鬆真的太好了。」

除了通勤方便，在家工作時只要稍有一點時間，就可以到箱根或者湯河原、二宮等地方去走走。「早上我會帶孩子去幼兒園、工作，接孩子回家時我們會去海岸散散步、放鬆一下，在家工作時，有時會利用午餐休息的1小時跟先生一起騎機車往返箱根。能夠過這種生活也都要歸功於搬來小田原。」

假日一家人可以花上一整天時間在外面玩，也是很大的變化。開車10分鐘可以到大公園、小田原城附近的廣場，還有附近的海岸玩。有時還會去家裡有田地的朋友家體驗農務，這些都是在東京都內很難有的體驗。日常生活中跟附近鄰居的關係，比起住在東京時也深厚了不少。「我覺得這附近的人都很好相處。在東京往往連隔壁住著什麼樣的人都不清楚，不過來到這裡，路邊見到的人都會跟你開口問候，去到餐廳或者酒館，跟店裡的人或者客人對話的機會也很多，比起東京感覺更有人味，交流的圈子更廣了。可能因為店裡面空間比較大，大部分地方對孩子都很寬容，很少有地方會拒絕我們帶孩子進去。」

讓人忘卻東京的人潮，有山、有海、有河的小鎮

生活成本方面跟東京都沒有太大差異，但望月深切覺得滿足感有了大大的提升。「這附近每戶人家幾乎都有兩輛車，車子是必需品。跟東京都內不一樣，基本上如果沒有事先預約，根本等不到計程車。搬家前我們買了車，再加上新幹線的交通費。房子從公寓變成獨棟房屋，水電費也比以前多了。不過整體來說，生活感受到遠比費用更多的提升。」

比方說每天可以極其自然地享受到新鮮又豐富的食材。這附近有很多賣魚的店家，超市裡也賣整隻完整的魚，這些魚的鮮美讓她相當驚訝。在附近的蔬果店或者無人銷售

雅倪結也一起幫忙收成。移居之後可以很輕鬆地體驗田間工作。

所也很容易能買到小田原當地種的柑橘和蔬菜。對於經常買麵包的望月一家來說，市內有各種麵包店是很令人開心的事。

這附近也有不少移居的人。「有些人是東日本大地震後移居，也有的是5、6年前開始住在這附近，或者是透過不動產公司介紹、認識了剛好在同樣時期透過同一間公司也買了房子的人，跟周圍的移居者之間有不少交流。我想一定是因為住起來很舒服，所以聚集了這麼多人吧。」

小田原生活的好，望月用「都市和鄉間的混合體」來描述，「住在這裡會完全忘記東京的人潮。考慮到平時的生活和遠距工作加上通勤，要找到像小田原這樣有山有海又有河的地方實在很不容易。這裡景色很美，經常可以看到繁花盛開。如果考慮移居，非常推薦這個地方。雖然無法像住在東京一樣，可以永遠接觸到最新的資訊、最時尚的新咖啡廳、買到最新潮的衣服，不過只要在去東京時滿足這些願望就可以了。」今年是他們第一次在小田原渡過夏天，望月一家很期待在海邊體驗立槳衝浪。

右：到家附近的海邊去玩。
左：有挑高天花板的客廳，在這裡居家工作也很舒適。

望月家的移居 DATABASE

Before After

	移居前		移居後
居住地	東京都文京區	→	神奈川縣小田原市
家庭結構	一家 3 口	→	一家 3 口
住處	出租公寓	→	獨棟房屋（自購住宅）
工作	上班族 （辦公室）	→	上班族 （辦公室＋遠距工作）
興趣	原本就是因為喜愛自然而移居，移居後也沒有改變		

Question

移居的原因	公司導入遠距工作，一直在家工作後開始覺得家裡空間侷促。 希望在能在外面玩的環境下養育孩子。
決定移居地點的關鍵因素	搭乘新幹線不用換車、30 分鐘就能到東京都內。 購物等生活環境非常適合生活。
交通條件	除了到東京都內通勤之外，基本上都仰賴開車。
公共服務的充實度	沒有感到不方便的地方。
是否利用支援制度	試住體驗。
鄰里關係	跟東京相比，跟周圍的交流距離更親近。 移居者也漸漸增加，擴展了交流圈子。
移居後的好處	往東京都內通勤很輕鬆。 有山有海，在日常生活中也可以切換心情。 平日可以利用午餐 1 小時休息時間往返箱根或湯河原。 假日可以跟孩子在外面玩一整天。

在遠距工作下逃離東京？

100 公里圈內移居增加中

新冠疫情下，遠距工作已經漸漸普及，
現在已經沒有必要每天通勤前往東京都心的辦公室，
越來越多人也從東京移居到東京近郊。
最受歡迎的就是距離東京 100 公里圈內的地方都市。

新冠疫情下促成了遠距工作的普及，不再需要每天到市都心出勤上班，因此「逃離東京」的趨勢也越來越明顯。根據日本總務省所發表的「居民基本戶籍人口移動報告」，因新冠疫情的擴大，2020年4月發布緊急事態宣言以後，轉入東京都的人口大幅減少，7月後轉出人口更出現增加趨勢。同年由東京23區轉出的人口數為36萬5千多人，較前一年增加2萬1千人之多。

東京都轉出地點多半為埼玉、千葉、神奈川等等鄰近縣市。例如從神奈川縣藤澤市、千葉縣船橋市等，距離都心100公里圈內的地方都市深受歡迎。這些地方的優點有前往東京都心的交通方便、商業設施充實，自然環境豐富，房租也較東京都內便宜等，多不勝數。如果說移居最大的門檻是擔心「工作與收入」，那麼可以維持現有的「工作跟收入」同時實現移居夢，可以說是這種移居最大的優點了吧。「100公里圈內移居」已經漸漸成為一種新的移居形態。

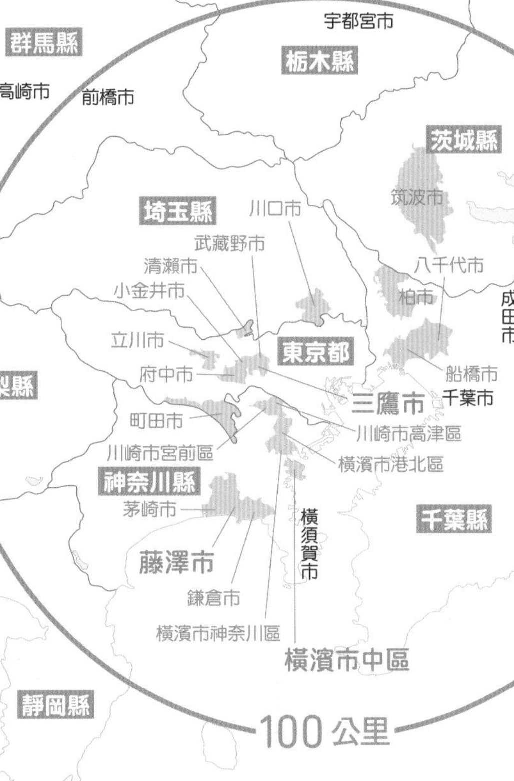

2020年來自東京23區的轉入者增加的市町村
（總務省人口移動報告（含外國人））

1	**神奈川縣藤澤市**	**713人**
2	**東京都三鷹市**	**667人**
3	**神奈川縣橫濱市中區**	**630人**
4	東京都小金井市	555人
5	神奈川縣川崎市宮前區	554人
6	神奈川縣川崎市高津區	430人
7	千葉縣船橋市	419人
8	神奈川縣鎌倉市	417人
9	茨城縣筑波市	409人
10	神奈川縣橫濱市港北區	399人
11	東京都府中市	385人
12	東京都立川市	383人
13	東京都町田市	346人
14	千葉縣八千代市	318人
15	神奈川縣茅崎市	308人
16	東京都武藏野市	300人
17	埼玉縣川口市	263人
18	神奈川縣橫濱市神奈川區	262人
19	千葉縣柏市	261人
20	東京都清瀨市	242人

NEWS

提供「遠距工作地方移居」100 萬日圓的補助

提倡「地方創生」的政府，過去也曾經提供從東京移居地方就業或創業者「地方創生推動津貼」，但 2021 年 4 月起除了就業、創業，遠距工作者也納入補助對象。也就是任職於東京企業者移居地方，以遠距工作方式持續工作，最高可獲得 100 萬日圓的補助。但詳細補助內容因各地方政府而異，請務必確認官網說明。

改變工作方式 3

在湖畔露營地 搭起地方與都會區的橋梁

東京都→三重縣→

長野縣茅野市

粟野龍亮

1988 年出生。東京都大田區出身。2017 年以地區振興協力隊員身分移居茅野市。2019 年起開始參與 URBAN RESEARCH「TINY GARDEN 蓼科」的營運。

為了接近自己想做的事情，歷經幾度轉換軌道，
體驗兩次移居後，終於來到這個匯聚了所有條件的地方，
向大眾提供充實的時間，傳遞地方的魅力。

包圍在大自然中的TINY GARDEN蓼科。山屋是舊溫泉旅館改裝而成，很多人在此辦公度假，研究移居的可能。

在成衣業界工作，發現夢想跟移居願望

八岳山麓，標高1250公尺的高原上，如鏡面般的蓼科湖靜靜地映照著濃綠群山。湖邊佇立著由成衣企業URBAN RESEARCH所設立的住宿設施「TINY GARDEN 蓼科」。這是一座被暱稱為「小院子」的廣大園區，周圍有白樺樹木包圍，占地4千8百坪。以包含了咖啡廳、餐廳、溫泉等的山屋為主，總共有24棟小屋和露營區，悠然遍佈於園區中。

栗野龍亮從準備階段開始參與這座設施的設立，現在擔任店長，負責企劃營運工作。栗野過去因為認同某間主張道德時尚（Ethical Fashion）的選物品牌概念而轉職，這也成為他之後職涯變遷的起點，這間公司的母公司就是URBAN RESEARCH，因此URBAN RESEARCH對他來說也是老東家了。他一路追逐自己發自內心追求的生活方式，幾次轉換人生軌道，來到這個階段，發現一切都匯聚在一起。「我一直在思考如何能讓生活中的衣、食、住可以永

露營區外圍有幾間小屋林立。可以用各自喜愛的形式，悠閒享受。

續、踏實。也經常想要生活在擁有豐富資源的地方，從事可以提供時間和體驗、而非物品的工作。」

最早的機緣是就讀上智大學外文系時參加的田野調查。在泰國的僻靜地區跟克倫族一起渡過了一段日子。「得自己去汲水，電力只有微少的自家發電。儘管是這種生活，大家好像還是很開心，孩子們的笑臉也真的都很可愛。最後一天村裡還殺了自己養的豬招待我們。生活雖然不方便，但是卻過得十分富足，一點都不會在意這些不便，原來世界上還有這種生活，讓我受到很深的衝擊。」

在參加的跨校服飾社團中，他感興趣的也並非潮流時尚，而是專注於了解如何透過時尚和設計影響產業背景和環境。畢業後他在一間強調日本國內生產及技術傳承的成衣貿易製造商工作。不過剛好要進公司時發生了東日本大地震。他以志工身分參加了災區活動，開始覺得「希望能更深入參與社會問題」。此時他接觸到了前面提到的以「與自然同頻的舒適生活」為概念發展的選物品牌店「kagure」。

「我有很多機會可以透過展示會等等跟日本全國的製作者交流。私底下也會找時間去拜訪他們。漸漸地我不再滿足於光是替他們銷售物品。我開始思考如何把製作者的心意或者堅持、物件產生的背景，完整地傳達給顧客。」他嘗試企劃了「打開觀察物件的眼睛」這類工作坊，深受好評，同時栗野也發現「與其銷售，自己更喜歡跟別人共享時間」，還有「在地方生活更適合自己的個性」。認識與自己擁有相同價值觀、同時也是「kagure」同事的妻子紘子，兩人之間有了第1個孩子後，促使他們動了移居地方的念頭。「我們都覺得東京不適合養兒育女。」

第1個移居地點，伊勢。此時夫婦兩人都漸漸堅定生活在地方這個選擇。

職涯變動之際，偶然且必然的相遇

最早挑選的移居地點是紘子娘家，擁有豐富自然的三重縣伊勢地區。粟野覺得要想傳達自己的想法，首先得從學習做起，於是他先去了一間大型旅宿預約網站擔任業務。大約2年半時間，他跑遍縣內將近2百間飯店、旅館，協助攬客等業務。在旅行業界學習了許多，但這裡本就不是他的最終目標。

就在他開始思考下一個階段時，發現了「茅野版DMO」（一般社團法人茅野觀光地區營造推動機構）徵求成員的公告。著眼於地方固有產物的魅力，加以打磨轉製成內容，進一步摸索觀光形態的活動概念讓他很感興趣而報名，最後獲得錄取，成為地區振興協力隊的一員。他跟過去曾經在山小屋工作過的紘子聊過，將來想要住在離山近的地方，所以兩人對於離開伊勢並沒有太多猶豫。

擔任地區振興協力隊員的時期，曾經關注諏訪地區口本產量最高的棒狀洋菜，認為這是種潛在的觀光資源。他與生產者建立起關係，並一同企劃出參觀製造現場、品嘗商品的體感型旅遊行程，執行後覺得很有心得。就在此時，偶然接獲老東家的邀約，詢問他要不要在茅野購地、經營露營場。

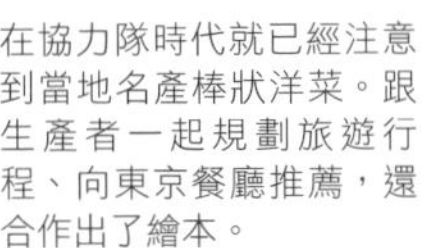

在協力隊時代就已經注意到當地名產棒狀洋菜。跟生產者一起規劃旅遊行程、向東京餐廳推薦，還合作出了繪本。

來到這裡可以嘗試登頂八岳全山，享受鄰近高山的生活樂趣。

「決定接受之前跟公司談了很久。假如單純是一間都會的企業要在地方建設露營場，那麼自己參與其中並沒有多大意義。但如果可以擔任地方的橋梁，思考什麼是這裡獨有的時間運用方式，並且提供給大家，那麼我很樂意做這份工作。」原本他是以企劃、地方橋接者的角色加入，「不過一回神才發現，好像什麼都得做（笑）。」

「除了接待住宿客之外，我覺得這裡也成為一個中心，讓外來旅客有機會跟當地具有魅力的人或者產品相連結。過去因為擔任地區振興協力隊，有機會認識形形色色的人，與志同道合的人相連接，繞了一圈結果又回到老東家工作。想想也真是不可思議。」

都會來的人跟當地人，皆能感到開心

如何才能讓這裡在旅客的心中不只是個「自然豐富、風景美麗的地方」？「假如住宿期間有四天三夜，我們就會嘗試告訴大家，可能有這種玩法、可能可以遇見這些人，預先規劃方案。我希望透過各

為了追求「在蓼科露營場喝的第 1 杯啤酒」，他跟當地啤酒廠和啤酒愛好家一起開發了精釀啤酒。

對地方開放的空間。

種巧思，設計出讓大家覺得只住兩天一夜很可惜。」

另外，他也深深希望此處也可以對地方開放。因此在觀光需求較少的冬天，這裡的咖啡廳、餐廳、商店依然無休營業。「當地人能來這裡感受一點都會氣息。相反地，都會來的人可以感受在隔壁能聽到方言的當地風情。就好像彼此的日常與非日常在這裡交錯。我希望可以讓這裡變成這樣一個地方。」

除了設施裡，他也經常跟夥伴討論，用更廣的眼光來看，能為當地孩子們做些什麼。首先，他們以TINY GARDEN 蓼科作為據點，跟夥伴一起合作，打造許多案例，累積經驗，「讓大家都能更開心」，之後還希望將此活動漸漸擴展到地方上。

提供結合衣、食、住等豐富內容的工作坊。

購買家人同住的房子，跟當地夥伴一起裝修

他還有更想完成的目標，希望能跟有同樣方向的夥伴一起攜手在這個地方實現。原本並不打算在一個地方久留，但現在卻開始積極思考「定居的可能」。終於，他在距離職場開車20分鐘左右的隔壁町買了房子。花了1年半左右找到的這個物件，是已經有40年左右歷史的中古別墅。「別墅的空間寬闊，通風

可以全家一起登山、野餐的環境，當然孩子們也熱愛自然。

也很好。我深受這裡跟自然恰到好處的距離感吸引，再加上孩子在附近就可以搭通學公車，這成為下定決心購屋的關鍵因素。」

這個地方的別墅建築通常沒有設想到冬天居住的狀況，所以首先需要進行斷熱修繕，採訪時他們剛好在施工。「想做到G2等級，也就是日本國內最高標準的斷熱規格，最好在正式搬家之前完成，但不知道來不來得及。關於房子的裝修，我希望盡量能看得到製作者，包括設計或者工匠，都是拜託當地的夥伴們，自己也一起動手。」

登山、越野等個人興趣，最近暫時封印，「假日幾乎不是在蓋房子，就是陪兩個孩子。」等到這個溫暖的房子完成，開始新生活時，栗野一家將會增加為5個人。

跟夥伴一起在買下的中古別墅進行裝修翻新。

粟野家的移居 DATABASE

Before After

	移居前		移居①後		移居②後
居住地	都會區	→	三重縣伊勢市	→	長野縣原村（職場在茅野市）
家庭結構	2 人（夫妻）	→	3 人（夫妻、1 個孩子）	→	即將為 5 人（夫妻、3 個孩子）
住處	出租公寓一房一廳、8 萬日圓／月	→	出租公寓三房兩廳、6 萬日圓／月	→	市營住宅三房兩廳（協力隊時代有房租補助，支出為零）購買土地、房屋為 1 千萬日圓，裝修費用約 1 千 6 百萬日圓
工作	成衣業業務	→	旅行業務	→	地區振興協力隊→露營場營運
興趣	旅行	→	租下田地種植蔬菜	→	登山、山徑越野跑

Question

移居的原因	對茅野市觀光地區營造構想有共鳴。
決定移居地點的關鍵因素	受到八岳山麓的自然環境吸引。
交通條件	原村有通學公車。
公共服務的充實度	孩子的醫療補助很充實。（茅野市到中學 3 年級為止，每間醫療機構每月就醫自費額上限為 5 百日圓，原村到高中為止都免費）
收入和支出的變化	地區振興協力隊時代收入減少，但房租免費。經常可以收到別人送的蔬菜，生活水準沒有太大改變。
是否利用支援制度	無。（利用地區振興協力隊制度）
鄰里關係	市營住宅出入人口多，交流淡薄。
移居後的好處	能夠跟擁有相同價值觀的人還有自然相連結。

Work×Vacation

「辦公度假」的工作方式

辦公度假是一種可以一邊旅遊、一邊玩樂，
在轉換心情、放鬆的狀態下工作的全新工作模式。
在新冠疫情下，遠距工作已漸漸普及、即使不去公司一樣能工作的現況下，
這種工作方式引發了熱烈的討論。

「居家辦公」、「遠距工作」是指運用資訊通訊技術，遠離辦公室工作，主要指的是「居家工作」；而「辦公度假」是指同時兼顧「休閒」和「工作」，在度假區或溫泉區等充分享受假期、也同時工作的形態。

遠離日常，在度假區、溫泉等依山傍海的地方工作，可以享受各種休閒活動跟觀光，是這種模式最大的優點。不過前提是必須有完善的網路環境。另外，有很多人會覺得切換玩樂跟工作並不容易，但是根據調查結果，其實這種方式出乎意外地可以減輕壓力、提高效率呢。最近有許多住宿設施都推出辦公度假的方案，另外地方政府也祭出各式各樣的獎勵計畫。

NEWS

東海道新幹線無限次搭乘的辦公度假方案登場

JR東海自2021年5月起，推出可無限次搭乘東海道新幹線商務車廂或普通車指定座位、自由選擇可遠距工作飯店的方案。可利用的飯店有JR東海飯店、東急飯店、王子飯店&度假區、都飯店&度假區等共35處設施。費用7天6夜的方案1人1室為9萬日圓起。

可以在露營場辦公度假，蓼科湖畔的「TINY GARDEN 蓼科」

附溫泉的飯店或旅館，有廚房的短居型住宿設施等，現在許多類型的住宿設施都開始提供「辦公度假」的方案，「TINY GARDEN 蓼科」可以體驗在露營場裡辦公度假。從東京都不管搭電車或開車都大約2個半小時，位於八岳山腳下蓼科湖畔的TINY GARDEN，是坐落於標高1250公尺處的戶外活動場地。在這裡有露營、飯店式山屋、獨立小屋等3種住宿形態，假如要來這裡辦公度假，建議可以預約飯店式山屋。設施內提供完善網路，不管是在房間或者共享空間，甚至是交誼廳或咖啡廳，天氣好時還可以在戶外工作。

這裡還有運用當地食材的餐廳和溫泉、商店、咖啡廳等，提供長期住宿的充實設備跟服務。同時準備了能充分享受大自然的豐富活動選項。陸續有使用者提出了「在感受自然聲音和空氣下工作，得以產生不同於以往的靈感跟想法」、「工作遇到瓶頸時，立刻可以在自然中重新洗滌自己的身心」等心得。

TINY GARDEN 蓼科
Camp, Lodge & Cabins

在長野遠距工作

住宿兩晚可享 75 折／附兩餐（晚餐、早餐）／
附工作站用利用券／
含溫泉浴場入浴費 LODGE COMFORT
（西式雙床房、附廁所、無浴室）
大人 1 人 1 萬 6 千 5 百日圓起

長野縣茅野市北山 8606-1
0266-67-2234
http://www.urban-research.co.jp/special/tinygarden/

改變工作方式 4

返鄉擴大事業規模 以禮物連接人與「故鄉」

東京都↓
長野縣上田市

身為蘆筍農家的長男，
回到始終感到依戀與束縛的故鄉。
擴展在東京成立的禮品介紹型錄事業，
希望帶給地方、甚至全日本更多活力！

兒玉光史

1979 年，生於長野縣上田市。「在地公司」股份有限公司董事長。歷經 IT 公司經驗後自行創業，希望透過禮品介紹型錄協助生產者。2015 年返鄉移居。

在地公司所提供的禮品型錄「在地禮品」，以「大家一起熬過難關」為主題，蒐集了在新冠疫情下依然努力不懈的長野縣生產者與產品。

從老家上田，介紹全日本各地方的魅力

從北陸新幹線上田站開車約40分鐘。漸漸遠離市區，眼前是一片群山包圍的閑靜景色。前方可以看見標高2千公尺級的美原高原。在平成大合併中被併入上田市之前，這裡原本屬於武石村，由兒玉光史擔任董事長的「在地公司」公司總部就位在此處。

兒玉在這裡生活到高中，之後經歷了在東京的生活後又回到老家，現在正在推展「在地禮品」這項事業，根據不同地區或主題分類，精選全國各地產品製作、銷售禮品型錄「在地禮品」。盒中放著一套明信片大小的卡片，每一張就是一件商品，除了有生產者的照片之外，還會以對話形式寫下跟商品有關的小故事。這種設計讓消費者可以一窺生產者的人品、個性，拉近跟產品甚至產地之間的距離。除了個人消費者會挑選跟自己有淵源的地區來作為禮贈品之外，目前也廣受企

改裝空屋為公司總部。隔壁為老家，後面是一片田園。

業關注，運用於各種宣傳活動或者員工福利上。

由空屋改裝的辦公室隔壁就是他的老家，兒玉的父母親至今仍在這裡生活，種植蘆筍。他們所生產、極粗又多汁的蘆筍當然也是在地禮品型錄其中的一個品項。兒玉雖然只有收成的時節會偶爾下田幫忙，但他現在則以促銷販賣的形式幫助著家業。

續！

從新員工的角度來介紹兒玉經營哲學的漫畫《兒玉社長暴走中》正在note上連載。漫畫裡提到不少他年輕時的迷惘以及創業的經過。

在東京的日子，不斷摸索回饋鄉里的方法

「我幾乎沒有想過自己必須繼承家業務農，但我畢竟是家裡的長男，總有一天得繼承。即使在東京生活，這件事也始終像個束縛，藏在我的內心深處。」從東京大學農學院畢業後，他先進入一間大型科技公司上班，做了4年的業務後離職。當時希望可以從事對地方有幫助的工作，但還沒有具體方案。

就在他暗自摸索時，認識了有相同境遇的「農家的兒子」們，開始跟他們一起在東京都內販賣老家的蘆筍。「我發現有些事情正因為我們不繼承家業，所以才辦得到。」「農家兒女」這個計畫就是他踏出的第一步。幾年後，他盯著朋友結

婚時供親友挑選回禮的型錄時，忽然靈光乍現：「如果可以讓大家透過型錄挑選當地蔬果應該是個不錯的方法！」便著手準備製作禮品型錄，他在東京澀谷創業，4年後決定將據點搬回故鄉。

「想回老家工作的念頭越來越強烈。當時我也負責促進長野縣返鄉的相關計畫，開始在上田市區租了辦公室，往來兩地，後來重心就慢慢轉移到這邊來。」但是他的移居過程並不順利。由於無法說服妻子，婚姻生活一度劃下句點。所謂的「返鄉離婚」。

「其實我並不是因為重視移居更甚於愛情，才做了這個決定的啊（笑）。主要是因為考量彼此的人生規劃，才做了這個不得已的決定。過程雖然難過，但結果現在雙方都再婚了，也都有了孩子，我想應該是個好的結果。我覺得當初選擇離婚，應該是為了跟現在的妻子相遇吧。」

重視工作與生活的平衡，全力投注於家事和育兒

妻子夏美也是長野縣人，兒玉一家先在上田市內租屋，現在則在佐久市夏美的娘家生活。岳父加蓋了一戶適合獨居的小屋，把主屋讓給他們。

「找到最適合的住處之前，大概徬徨了3年左右吧。過程中也曾經住在我老家，但是我一天到晚跟爸媽吵架，實在住不下去。來到太太娘家，我覺得是對大家來說最幸福、健康的選擇。我自己是這樣，實際上也聽過很多類似的例子。」

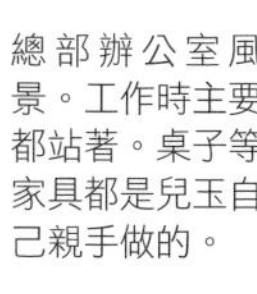

總部辦公室風景。工作時主要都站著。桌子等家具都是兒玉自己親手做的。

家裡到公司總部開車約45分鐘，在上田市區和佐久也各有辦公室，總共有3個據點。公司雇用的員工共約20人，區分不同辦公室，主要是考量到員工通勤的方便。「如果住得太遠，就不容易錄用。我希望這個職場可以盡量減少對生活帶來的干擾。」為了讓許多人能夠自在地參與，他讓工作變成細緻的分工，即使只是工作短時間的計時員工，也能夠來到這裡，盡情發揮自己的所長。

每天可以準時下班，不強迫員工加班，自己也不加班。「就算腦中還想著工作的事，總之身體還是會往家裡移動。回去之後有該做的家事，育兒工作非常吃重，我一個人往往應付不來，但除此之外，如果不是非妻子不行的事，我會盡量全部做完。」

一邊照顧3個年紀還小的孩子，一邊以員工身分在在地公司工作的夏美看在兒玉的眼中，「應該也有自己想做的事，雖然懷抱著許多煩惱，但還是很努力在經營我們的生活。」為了盡量減輕她的負擔，「我太太的便當也是我做的。」

假日通常忙著做家事和帶孩子，現在沒有什麼時間能花在自己的愛好上，但是他很喜歡騎公路自行車，這是他回老家後才培養起的興趣。「在長野，騎自行車可以去很多地方。在美原的坡道上上下下地

興趣是公路自行車。在公司裡放了一整套迷上自行車之前看的漫畫。

員工總動員，參加「芋教於樂」自己種芋頭，收穫後製成芋頭乾。

跟父親和孩子們一起攝於老家的農地。

騎，也很有意思。希望平日可以偷偷溜出公司騎車，我很鼓勵大家請特休，也希望率先製造出這種輕鬆的氛圍。」

把家業這個「束縛」轉換為新的力量

身為家中有家業的長男，對老家的心情很複雜。「這種非自願下接受的餽贈，換個角度就像一種負債。我一直背負著這種負債而活。」有些人因此陷入糾結，也有些人選擇逃避。「或許一直讓這件事淡淡留在心裡，也是一種幸福。因為我一回來，那種想法就消失了。」兒玉在眾多選擇中挑選了返鄉，正面迎擊，企圖解開這個（一直以為糾纏著自己的）「束縛」。

「其實我只是把該繼承的『家業』轉換為在地公司這間法人，這麼一來，即使我人不住在這裡，也還有其他的選項。原本以為是一種負債，但是對法人來說這是一個優勢，而我自己也得以變得自由。在我剛回來的階段，還沒有想到有這條路可以走。經過許多嘗試，現在的我終於可以做出這樣的解釋。」

事業繼續這樣發展下去，還可以增加在當地雇用的就業人口。能夠趁父母親體力還好時，打造一個讓他們頻繁跟孫兒相處的環境，也算一種孝順。對於一直丟給自己的問題「你到底想做什麼？」終於能找到答案。「我也想告訴小時候生活在一成不變的環境中，不知道該幹什麼的自己，『即使是同一個地方，也可以過得這麼開心呢！』能夠證明這一點，對我來說意義重大。從許多層面來說，我對老家抱有的憂慮，好像都昇華了。」

在禮贈品具備的可能性上，感到了浪漫

起初帶著希望讓日本各個地方重拾活力，而開始的禮品型錄事業，現在他的看法也有了改變。「其實每個地方本來就很有活力，或許在經濟上不然，但可能是因為這些地方都生產糧食吧！每個地方都充滿了活力。我現在覺得自己在做的事，是把地方所具備的精力，傳送給需要這些能量的人手中。」

因為是禮贈品而非貨物交易，所以很有可能透過企業宣傳等活動，將這份活力意外傳送到需要的人手中。事業發展得越大，接收的人也越多。甚至可能遍及全日本！

「如果有人現在剛好很難受，卻可以因為恰巧收到這些禮品稍微充電。那怕1萬件中只有1件，這就是我最大的希望。為了能稍微增加可能的件數，我希望穩紮穩打地擴大事業。我認為禮物具備了緩和社會偏差的功能。」

長女和長男，還有沒出現在照片中的次女，3個孩子的存在也給自己帶來活力。「比起東京，我更喜歡長野的育兒環境。」

蒐集大地震或大型颱風、豪雨等受災地區的產品，推出「支援復興禮品」。

兒玉的移居 DATABASE

Before After

	移居前		移居後
居住地	東京都	→	長野縣佐久市 （法人登記在上田市）
家庭結構	2 人（自己、妻子）	→	5 人（自己、妻子、3 個孩子）
住處	租屋兩房兩廳	→	妻子娘家（增建為兩戶住宅）
工作	創業家 （新創企業專用的租賃辦公室、約 10 萬日圓／月）	→	創業家 （以約 4 百萬日圓 將老家的空屋改建為辦公室。 其他兩據點）
興趣	埋頭工作， 沒有太多興趣	→	公路自行車

Question

移居的原因	想回老家工作。
決定移居地點的關鍵因素	因為是自己出生長大的地方。 （關於居住地，後來認為住在妻子娘家是最好的選擇。）
交通條件	一定要有車。
公共服務的充實度	佐久市漸漸在開發，已經很接近都會區。
收入和支出的變化	有了孩子之後很難單純比較， 不過因為住在太太娘家，居住費的費用減少。 因為要養許多輛車，相關費用比較高。
是否利用支援制度	無
鄰里關係	良好。對太太來說，附近有許多老朋友。
移居後的好處	可以好好孝順爸媽。不再受到家業的束縛， 更加自由。

體驗鄉間生活

在社區農圃體驗農業

「社區農圃」是指在德國已經有 200 多年歷史的農地租賃制度。這是種每一區段都規劃了住宿設施的短居型市民農園，可以輕鬆享受鄉村生活的農業體驗。

「社區農圃」深受不想移居、但希望稍微感受鄉居生活並且體驗農業的人喜愛。現在日本大約有70處這類短居型市民農園，一般約會有1百到2百平方公尺的農地和可供住宿的設施，能夠在一定期間內租用。

只要支付年度使用費，就可以隨時利用農地和住宿設施，可以只在週末使用，也可以長期住在這裡。許多社區農圃除了有農業專家悉心提供專業建議外，還能租用農用機具等。住宿設施也備有基本家具，馬上就能入住生活。

利用期間為4月至隔年3月的1年期間，隨時都可以洽詢或申請，不過受歡迎的設施往往需要候補。使用後每年都可以續約，但是有5年（最多10年）的限制。在鼓勵有機栽培的地方會禁止使用農藥，必須注意每個設施不同的規則。

來到社區農圃，可以在1年之間享受耕地、播種、收成的生活樂趣。很多未來想務農的人，或者正在考慮移居的人，都會利用社區農圃當作「試住體驗」，實際上也有人嘗試之後非常喜歡，在附近買下土地或房子，正式移居。

社區農圃的相關費用

土地年度使用費

簡易住宿設施和土地的使用費，
一般為 30 萬日圓到 70 萬日圓左右。

初期費用

多半為 0 圓，但也有些地方需要繳交入會金等。

水電費

水電瓦斯需要自費負擔，也有些設施已經導入全電化。

交通費

來回所花費的交通費。交通方便與否，會是影響使用頻率的重要關鍵因素。

全國的社區農圃

住址	名稱	費用（包含簡易住宿設施的年度使用費）	初期費用	田地大小	續約／利用期間	洽詢
北海道岩見澤市	岩見澤市栗澤社區農圃	253,000 日圓	無	100 ㎡	1 年／最長 10 年	0126-34-2150
福島縣下鄉町	社區農圃下鄉	300,000 日圓	無	200 ㎡	1 年／最長 5 年	0241-69-1188
茨城縣笠間市	笠間社區農圃	419,030 日圓	無	100 ㎡	1 年／最長 5 年	0296-70-3011
新潟縣小千谷市	小千谷社區農圃交流之里	403,330 日圓	50,000 日圓	200 ㎡	1 年／最長 5 年	0258-83-1722
東京都奧多摩町	奧多摩海澤交流農園	600,000 日圓	無	100 ㎡	1 年／最長 5 年	0428-85-8685
新潟縣妙高市	社區農圃妙高	431,700 日圓	無	150 ㎡	1 年／最長 5 年	0255-82-3935
山梨縣甲斐市	甲斐敷島梅里社區農圃	400,000 日圓～	300,000 日圓	140 ㎡	1 年／最長 5 年	055-267-0831
長野縣立科町	立科町社區農圃	300,000 日圓	無	100 ㎡	1 年／最長 5 年	0267-88-8408
長野縣喬木村	喬木社區農圃	360,000 日圓	無	200 ㎡	1 年／最長 5 年	0265-33-5127
岐阜縣高山市	飛驒高山彥谷之里	420,000 日圓～	15,000 日圓	16 ㎡～	1 年／最長 5 年	0577-67-3182
兵庫縣多可町	大屋 Bleiben	309,000 日圓～	350,000 日圓	32 ㎡	1 年／最長 5 年	0795-32-4779
廣島縣江田島市	江田島恬靜交流農園	308,000 日圓～	無	120 ㎡	1 年／最長 5 年	0823-43-1644
高知縣四萬十市	四萬十社區農圃	291,600 日圓～	無	50 ㎡～	1 年／最長 3 年	050-8807-8524
愛媛縣今治市	大三島鄉居生活	312,000 日圓～	無	100 ㎡	1 年／最長 5 年	0897-82-0500
鹿兒島縣鹿兒島市	綠色農場短居型市民農園	216,000 日圓～	無	50 ㎡	1 年／最長 3 年	099-345-3337

※ 申請時期、空地狀況、使用費以外的相關費用，請直接洽詢各單位。

改變工作方式 5

以陶藝家身分展開扎根地方的工作與生活

千葉縣→京都府→

滋賀縣守山市

陶藝家小川文子
因結婚而從京都移居到滋賀，
移居這個選擇，
對她的陶藝家人生帶來什麼變化？

小川文子

陶藝家。京都市立藝術大學美術研究科主修陶磁器。除了製作器皿之外，也從事原創飾品品牌「ayako.ceramics」的製作、銷售以及金繼工作坊。

小川的作品充分運用了各種素材之美。照片是她跟滋賀藝術家的共同創作，以高溫熔解廢棄的玻璃邊角料打造的器品「KILN OUT」。

最愛的陶藝工作，因為移居更加延伸了觸角

接觸陶藝至今，已經過了15年的歲月。小川從高中開始學習陶藝。轉動轆轤時，陶土的光澤和觸感擄獲了她的心。

於是她學生時期開始學習陶藝，畢業後也從事跟陶藝相關的工作。除了創作，她也在高中教陶藝。對小川來說，陶藝工作就跟早上起來要吃飯一樣，是件非常自然的事。

「為了更容易傳遞陶磁器的魅力，我也製作更能感受到『材料質地』的飾品。除此之外，最近也越來越多器皿製作、金繼工作坊、陶藝體驗等工作。」2019年移居到滋賀的小川，進入今年之後開始執行一項製作器皿的計畫，也受託製作飯店使用的客房鑰匙。逐漸擴寬陶藝家活動的領域，其實是移居之後才開始能夠自由地創作。

移居前小川跟其他兩位陶藝家一起在京都租了共同工作室。空間算不上寬敞，為了彌補這個缺點，只能盡量挑選能在這個空間中完成的工作。不過往返自家跟共用工作室還是很辛苦。創作陶藝需要時時關注作品的狀況，例如確認黏土乾燥的狀態、將器皿翻過來確保背面也徹底乾燥等等。她經常為了替器皿翻面，從家裡騎自行車飛馳到工作室，工作到半夜。可是移居之後，她的生活有了很大的轉變。

「我在滋賀買了中古屋，經過改裝後，在自家規劃了工作室。因為工作室裡裝了夠大的窯，除了掌心大小的飾品之外，終於也能夠製

作更大件的東西，作品範圍更加寬廣。另外，因為有了屬於自己的地方，我也開始開設工作坊，或者跟滋賀的藝術家一起挑戰新的嘗試，擺脫了很多限制。」

生活與工作相連結，心情和生活都得以重新整頓

移居之前必須往來於住家跟共用工作室，小川感到生活跟工作之間的斷裂，總覺得不太舒服。作息不規則，也無法取得生活跟工作間的平衡。但是現在早上一起床、或者吃完早餐後，隨時可以到工作室去看看黏土的狀況；工作告一段落想休息時，還可以下廚料理調劑一下。生活和工作有了鬆緩的連結，讓她的心情跟生活中都得以出現一些留白。

「我原本就對下廚很感興趣，最近會嘗試用好幾種香料來烤牛肉，或者從水餃皮開始自己包餃子等等，在生活裡增添一些小小樂趣。跟丈夫住在一起之後，因為自己做的菜有人吃，連帶著也想要自己製作器皿，對我的創作也帶來正面的影響。」

不忙的時候可以從傍晚開始慢慢準備晚餐。一邊啜飲小酒一邊下廚的這段時間，對小川來說是至高無上的幸福時光。之所以能這樣過日子，都是因為重新調整了生活和心情吧。

另外，與自然的距離更近，也是很大的影響。有時她會去滋賀最知名的琵琶湖喝茶，有時也會在二樓陽台打發時間。中古屋的氣密性不如新公寓高，但是她很珍惜如何享

喜歡下廚的小川，甚至還會自己烤牛肉。使用的香料數量一天比一天多。

在家中工作室舉辦工作坊。金繼工作坊特別受歡迎，她開發出的可以在家中完成的金繼套組也大受好評。

受這些不方便。多虧如此，現在住家的內外空間幾乎沒有明顯界線，人在家中也可以感受到自然。

起初對移居也有不安

現在充分享受著滋賀生活的小川，其實一開始對於移居並不感興趣。她從學生時代一直在京都生活，「希望把這裡當成自己的歸屬」，但就在這時候……。

「跟我先生結婚時，聽說他要換工作到一間位在滋賀的公司，於是開始討論移居這件事。當時我好不容易開始融入京都，要搬到一個陌生土地心裡非常不安，其實也很不想離開京都。經過幾次討論，畢竟我的工作不需要在特定地點，但是丈夫卻需要考慮通勤問題，所以最後還是我妥協了（笑）。」

移居地點就在先生老家隔壁。他們賣下的中古屋原本是公公的房子。真正移居之後，生活和工作都煥然一新，身為陶藝家的活動範圍也更大。就結果來說，小川的選擇可以說十分正確。

「在滋賀的生活有什麼困擾或者

一邊眺望琵琶湖，一邊喝手沖咖啡。小川也有喜歡旅行和戶外活動的一面。

在琵琶湖露營時也會帶上廚具。照片中是早餐時做的雞蛋料理。

移居後購置了大窯。終於可以製作大型器皿。

工作坊也會教如何使用轆轤。小川將原本的倉庫改裝，變成自己的工作室。

不懂的事，可以去請教住在隔壁的婆婆，想到今後帶孩子的問題，深深覺得真是搬來了一個好地方。以前我從來沒參加過町內會活動，現在也很積極地參加。跟地方上的人互動更多，有種被這個地方接納的感覺。」

可能有很多人都小川一樣，是因為結婚或者伴侶換工作，因為對方而改變了自己的居住地。

但是如果把這種改變視為轉機，生活和工作就會有意想不到的改變，或許正是小川接受自己這些改變的力量，帶給她更加充實的生活和工作吧。

對創作者而言，滋賀齊備了必要的條件

小川告訴我們，其實滋賀這個地方非常適合創作者。除了京都之外，這裡前往大阪或東京也都很方便。從關西機場出國很快速，對於跟海外有交易的創作者來說是很有

利的環境。小川也曾經在海外舉辦過展覽，交通方便確實幫了大忙。

「特別是作為陶藝家，這裡距離信樂和岐阜等可以取得陶土的地區都不遠，真的很棒。附近也有信樂燒和多治見燒等陶器創作的產地，我也學習到很多。如果是漆藝家，這裡去北陸很方便，應該也是很適合的據點。」

除了能很快前往首都或海外這層方便性之外，距離產地近、可以加深學習等等，都對自己的創作活動很有幫助。

這樣的環境確實對創作者來說確實很有利。在小川居住的小鎮，只有她一位陶藝家，所以地方上的人對她的活動也很感興趣。容易獲得關注，也是從事創作活動上的一大關鍵因素。

開始出現希望回饋這片土地的念頭

「我從小家裡就是所謂調職家庭，出生地點跟生長的環境都不一樣。過去曾住過京都、千葉、奈良等許多地方，卻從來沒有自己屬於某個地方的感覺，可能總是在無意識之間思考，如何讓這個地方願意接納我。」

或許自己內心深處一直在尋求著歸屬吧，就在這時候，她意外地來到滋賀，在這個地方定下心，好好生活。擁有一個這樣的歸屬，讓她心中充滿雀躍。在這裡生活了1年半後，這種感想轉變為覺悟。

「以前我不知道哪裡是自己的歸屬，總覺得輕飄飄地，腳踩不到地。但是移居到滋賀後，我心裡出

缺角的器皿經過金繼後不但外型更特別，也增加了愛物、惜物之情。

用陶器和金繼使用的金粉製成的飾品。將六角形的陶片分成兩半，一邊上漆、另一邊上純金粉。

上：琵琶湖是小川經常造訪的心愛去處。
下：經常會邀請朋友來家中聚會，自己親自下廚。

現要跟這裡建立關係的覺悟，對我來說這也是一大改變。」

因為移居，收獲了很多珍寶，同時也想回報這個地方接納自己的恩情，小川現在開始萌生想要回饋滋賀的想法。滋賀以琵琶湖為中心，擁有豐富的自然，四季都呈現出不同的表情。除了自然環境，這裡的人個性溫和親切，是幸福度極高的縣市。

因為前往首都的交通方便，這裡非常受到家庭層的歡迎。小川說，這裡還有很多尚待發掘的魅力。

「我覺得應該有很多人會專程來滋賀旅遊。我現在想嘗試運用琵琶湖的珍珠和湖邊的砂等等滋賀有的材料來創作。我們常說『地產地消』，希望可以做出專屬滋賀的飾品，讓大家當成旅行的伴手禮，這應該很令人期待。」她扎根於滋賀的人生才正要開始。今後，她又會走上什麼樣的旅途呢？

小川的移居 DATABASE

Before After

	移居前		移居後
居住地	京都府	→	滋賀縣守山市
家庭結構	1 人（自己）	→	2 人（自己、丈夫）
住處	租賃公寓一房一廳＋工作室（合租）	→	獨棟房屋三房兩廳＋工作室 買下中古屋， 改裝衛浴廚房以及工作室等
工作	陶藝家	→	陶藝家
興趣	料理	→	料理的範圍更廣 （增加香料或香草種類等等）

Question

移居的原因	結婚、丈夫工作地點改變。
決定移居地點的關鍵因素	因為是丈夫的故鄉。
交通條件	去遠方會開車，不過電車也很方便。 30 分鐘內可以到京都。
公共服務的充實度	有醫院、超市、學校等。 沒有特別覺得不方便。
收入和支出的變化	可能因為在新冠疫情前移居，受到疫情影響收入減少。因為不用付房租等所以減少了支出。
是否利用支援制度	申請守山市的住宅翻修助成制度（總額的 10%）。
鄰里關係	在掃除清潔等活動上有機會跟鄰里交流。 較少同年齡層的人。
移居後的好處	找到了自己的歸屬，開始希望嘗試扎根於地方的工作和生活方式。

神奈川縣→
高知縣香美市

改變工作方式 6

來到土佐鍛錘刀具產地 追逐成為鍛造職人之夢

嚮往大學時接觸到的鍛造師工作，
即使就職於其他企業，
但仍然無法捨棄夢想，決心挑戰。
目前在高知縣香美市，跟隨土佐鍛錘刀具職人，
學習成為獨當一面的鍛造師傅。

藤田將尋

1995年生於神奈川縣相模原。目前為高知縣土佐刀具同業合作社主辦「鍛冶屋創生塾」的第一期研習生，正在學習成為土佐鍛錘刀具之鍛造職人的相關技術和知識。2019年移居。

研習時現職鍛造師傅會仔細地教導。

大學4年級時體驗的鍛造師工作場域

高知縣香美市是日本五大刀具產地之一。在這裡，有一名為了成為鍛造職人埋頭苦練的青年。

原本住在神奈川縣相模原市的藤田將尋是如何認識命運中重要的鍛造，這要從他就讀東京農業大學時，張貼在校內公布欄的一張傳單說起。那應該是介紹地區振興協力隊的其中一張傳單，裡面介紹了參觀青森縣鍛造師的行程，我很感興趣，就報名參加了。實際參加的只有我跟另一個人（笑），因為人數少，所以可以看得很仔細。」

這次參訪他了解到鍛造師如何在獲得補助的情況下執行工作。之所以想當鍛造師，都是起源於這次實際體驗。「加熱之後從紅色漸漸變成帶黃色的鐵，經過敲擊後改變形狀，看起來就像是活生生的生物一樣。看到鐵逐漸變成鍛造師想要的形狀或表情，我覺得這份工作真是太有意思了。」但是他並沒有立刻決定要當鍛造師，只是帶著「將來可以試試看」的心情。

「當時我已經大學4年級了，考慮現實因素，告訴自己以後還是當公務員比較穩定吧，就去考了公務

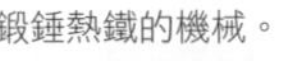

鍛錘熱鐵的機械。

研磨刀具、調整形狀。

員。」公務員考試門檻很高，他並沒有考上。之後他開始就職，找到了一間土木相關的公司。

他在土木業職場說起將來的夢想，上司要他盡快做出決定，究竟要辭掉工作追夢，還是要放棄夢想繼續工作。「待在公司裡可以繼續享有穩定的生活。而走上鍛造師這條路，完全不知道生活是不是能穩定，要不要辭去工作追尋鍛造師的夢想，我真的很煩惱。」

追逐夢想，前往陌生的土地高知

他在網路上用「徵求鍛造師」等關鍵字搜尋，發現高知縣的土佐刀具同業合作社正開始徵求「鍛冶屋創生塾」第一期的研習生。

土佐鍛錘刀具的歷史悠久，可追

師父教導研磨狀況和方法，不斷練習。

前往傳統工藝鍛造師所在的工廠，學習單刃菜刀的製作方法。

溯到鎌倉時代後期，１３０６年有刀鍛造從大和國（奈良縣）移居至此。根據１５９０年的記錄，當時有３９９戶鍛造師。到了江戶時代，農林業用的鍛造刀具需求大增，主要以鐮刀、柴刀、鍬等的製造為主，持續發展。這裡的刀具特徵為銳利、持久，且容易保養。土佐鍛錘刀具屬於工匠能夠自由自在塑形的「自由鍛造」，因此需要具備極精湛的技術。

１９９８年被指定為傳統工藝品的土佐鍛錘刀具，因嚴重缺乏後繼者，鍛冶屋創生塾的成立，就是為了解決此問題。如果只考慮培養新的鍛造人才，那麼首先必須解決這些人才在生活和待遇方面的問題。

另一方面，鍛冶屋創生塾運用了高知縣培育傳統工藝品產業等、繼承者培育事業費的補助金，所以對鍛造師來說負擔較小。藤田每個月可以領取15萬日圓的補助金，用以支付每月4萬日圓的研習費，以及生活費用。

為了確實學會技術，練習製作了大量的菜刀。

在現職鍛造師身邊，學習真正有用的技術

鍛冶屋創生塾的講師，都是在市內自己開設工房的現職鍛造師傅。他們每週或者每月輪流來擔任講

自己醃的梅乾，吃起來更美味！

藤田的父親寄來青森縣產的富士蘋果，祝賀鍛冶屋創生塾一周年！

師。「每位擔任講師的師傅做法都不一樣，所以換了講師就得學習完全不同的技術，一開始有點混亂，但是就拓展視野這一點來說，我覺得是很好的機會。」

他原本以為，在匠師職人的世界一定有「非如此不可」的嚴格規範，但是在香美市好像沒有這種規矩。「高知人都很歡迎外來者，遠比我想像的要親切溫暖。我很害怕跟冷冰冰的人相處，所以這裡的環境真是太好了。」在一個鼓勵提問、容易求教的環境中，所有研習生都能自在地學習。

進入創生塾開始實習後，起初上半身出現了嚴重的肌肉痠痛。「如果是使用機械的工序也就罷了，剛開始練習製作鎌刀時，要揮起鐵鎚來捶打鐵塊，整隻手臂都痠脹得不得了，必須忍著肌肉酸痛繼續製作。那時我不巧得了流感，有時也搞不清楚身體的疼痛到底是因為肌肉酸痛還是因為流感（笑）。」拇指和食指之間彷彿長出了肌肉，對於自己身體的變化他也感到非常神奇和驚訝。

什麼時候會覺得開心呢？「有可能是捶打熱鐵的時候，或者調整形狀、研磨的時候，每個步驟都一樣，當自己一邊煩惱一邊動手，發現『原來用這種敲打方法來延伸會有這樣的結果』，或者發現以往研磨得不順手的刀具現在得心應手，以前的煩惱或問題忽然解決了，這種瞬間都很開心。再來就是能夠依照自己想像完成一件作品時，那個瞬間真的很開心、很高興。」

刀具必須要使用過一段時間，才

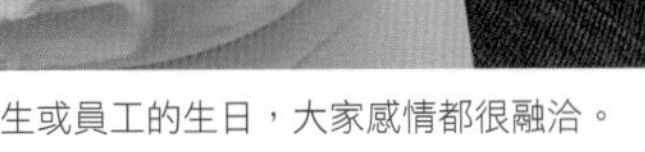
25 歲生日。創生塾裡會一起慶祝研習生或員工的生日，大家感情都很融洽。

能發現東西的好壞。有些刀一開始很銳利，可是日子久了漸漸不好用，也有可能一開始覺得不順手，慢慢卻覺得越來越好用。要等到適應之後才能知道東西真正的好。

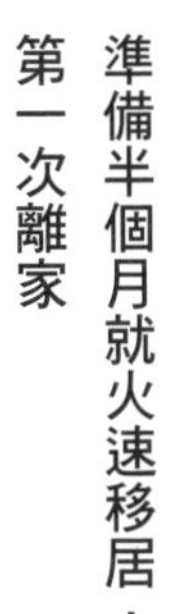

準備半個月就火速移居，第一次離家

藤田的父親是位建具職人，在一間大型木工製品公司工作。他認為學習鍛造可以習得一技之長，並不反對兒子走上鍛造師這條路，但是母親卻很擔心他的生活。在土木業上班時，曾經因為工地較遠暫時離家獨居，可是過去從來沒有離開家超過半年。

鍛冶屋創生塾的合格名單在2019年8月底發表，當時他已經辭掉土木公司的工作，一邊打工一邊為當上鍛造師傅而準備。「能夠好好準備的時間很有限。最辛苦的就是找住處，一開始也想過利用空屋資料庫，可是因為得立刻搬家，所以我直接過來花了兩天時間找房子。」

發表合格名單後，他在短短半月之內決定了新家，火速完成移居。起初住在一個有小廚房的套房公寓

住在房東隔壁的房子，眼前有很氣派的庭院。

天寬地闊，自然豐富的舒適小鎮。

裡，但深受附近鄰居生活噪音的干擾。後來朋友廉讓了一輛車給他，原先公寓的停車場太窄，他終於可以透過上次因時間不夠沒能運用到的空屋資料庫找房子。「除了車子之外我還有機車，希望找停車空間大一點的地方。現在租到緊鄰房東、蓋在同一個基地內的房子。跟主屋距離不近，沒有生活噪音的干擾，住起來很舒適。」

跟地方之間的關係，維持恰到好處的距離感

在陌生土地上的生活，一定要先掌握跟當地溝通的方式。「這裡的人比我實際搬過來之前所想像得更加親切。自治會的打掃、聚會等，1年會有幾次碰面的機會，不過彼此之間都可以抱持一種剛剛好的距離感來交往。」

關於方言，因為聽慣了父親出身青森的津輕腔，他對土佐腔也完全不覺得抗拒。「當地的方言有3種不同的語尾變化，對我來說很好懂。至於不太確定的部分，我都改說標準語（笑）。」

在首都地區生活，如果家裡有東西壞了，馬上可以請業者來修理，這裡少了這種方便，很多事也都必須要自己解決。這讓藤田了解到不依靠別人，對自己的生活負起責任的重要。「我希望10年後可以成為自己理想中的鍛造師，經營自己想要的生活。」2021年10月創生塾畢業後，他會進入下一個工房。今後也會繼續在香美市，以成為獨立土佐鍛錘刀具鍛造師為目標，繼續修習。

藤田的移居 DATABASE

Before After

	移居前		移居後
居住地	神奈川縣	→	高知縣香美市
家庭結構	6人（自己、父親、母親、妹妹、祖父、祖母）	→	1人（自己）
住處	獨棟房屋五房兩廳	→	老屋兩房一廳
工作	土木施工管理公司、上班族→打工	→	鍛冶屋創生塾一期研習生
興趣	津輕三味線等樂器演奏、機車、動畫編輯、旅行	→	津輕三味線等樂器演奏、機車、動畫編輯、旅行、DIY、培養觀葉植物

Question

移居的原因	為了實現成為鍛造師傅的夢想。
決定移居地點的關鍵因素	因為錄取了鍛冶屋創生塾一期研習生。
交通條件	視住處而定，需要汽車或機車等交通工具。
公共服務的充實度	附近有小學、中學、高中、大學。 也有幾間醫院，生病了也不用擔心。
收入和支出的變化	縣、市提供繼承者培育制度的補助金。 假日也會去打工， 跟上班時沒有太大差異。
是否利用支援制度	沒有使用移居的支援制度。
鄰里關係	房東會分享田裡採來的蔬菜或者晚餐的配菜。
移居後的好處	踏出成為鍛造師傅的第一步。高知人非常親切。

為了投入理想的職業

移居後學習新工作

想從事農林漁業，或者想成為傳統工藝的職人等，
有些人會為了理想的工作而下定決心移居。
該如何才能從事嚮往的職業？應該依循什麼樣的途徑？

從事林業

目前的林業從業者大約是極盛時期的1/3，並且逐年減少，所以「森林作業員」的徵人有增加的趨勢。工作內容包括「採伐」、「集材」、「整地」、「種植」、「除草」、「剪枝」、「疏伐」等。林業工作得與自然為伍，受到天候的影響，需要體力也伴隨著危險性，但是能夠自己親手培育山林，是很有意義的工作。不過也必須以年為單位學習使用鏈鋸等機器，或者在高處作業等相關技術。

如果想從事林業，最快的捷徑就是進入森林公會或者民間林業企業工作。除了日本全國森林公會連合會會舉辦就職諮商會之外，地方政府也會提供林業體驗或者林業就業支援短期課程等。

全國森林公會連合會

http://www.zenmori.org

從事農業

現在面臨農業人口驟減、從農者漸趨高齡化的現象，但期望成為從農者的人依然不少。最近增加了許多以公司組織形態來經營農業的「農業法人」，在這些公司就職也不失為一個方法。另外，如果想自己取得農地創業，必須有心理準備，得找土地、學習技術等，門檻相當高。不過現在也有許多針對新從農者提供的支援制度，都可以充分運用。建議可以先到由國家或者各地方政府、農業協同組織等設立的「新從農者諮商中心」接受諮商。多多參加活動、座談會等實際體驗也非常重要。另外，也可以利用能學到農業實務技能的農業大學等專業機構。

全國新從農者諮商中心

https://www.be-farmer.jp

新農業人入口網站

https://www.maff.go.jp/j/new_farmer

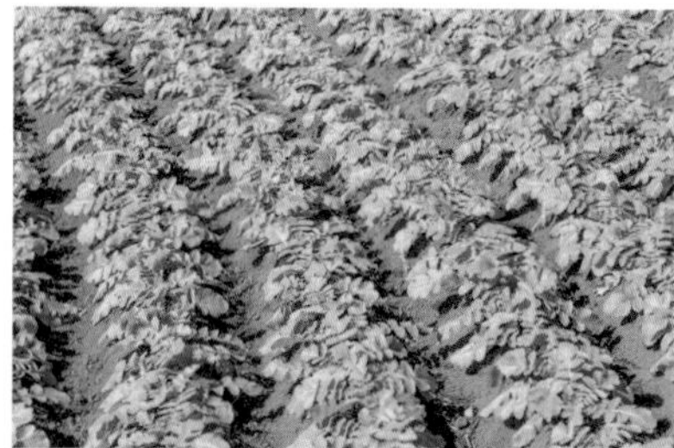

成為匠師

越來越多人重新發現手工技藝的美好，對於傳統工藝等進行創作的「職人」世界感興趣。過去這些匠師受到工廠量產化商品的衝擊，地位低落，也苦於後繼無人，現因國家和地方政府提供支援，及各產業拓展海外通路的努力而漸漸重拾活力，也多了許多新加入的從業者。不少高中或大學都規劃了「職人培育課程」，幫助年輕世代「培養一技之長」。針對原本從事完全不同領域工作的人，也提供了研習技術的設施或計畫、教育研習機構，可以向各領域的組織（工業公會等）或地方政府詢問細節。不過匠師的世界裡最重要的還是手藝。不能忘記這終究是一份需要靠時間和努力來累積的工作。

從事漁業

漁業分為「遠洋漁業」、「近海漁業」、「沿岸漁業」等不同種類。「遠洋漁業」是指大型船隻經過長期航行，在太平洋或大西洋捕撈。「近海漁業」的漁場多半在距離日本約2、3天的航程。不過日本漁業約有9成都是使用5～10噸的小型船隻，可以當天來回的「沿岸漁業」。還有「養殖」漁業，除了海苔、海藻、牡蠣、真鯛等之外，隨著養殖生產技術的進步，過去不易養殖的鰻魚和黑鮪魚也都能養殖。想從事漁業可以進入漁業合作社工作或進入民間漁業公司。如果想購買船隻成為自營漁夫，需要取得「小型船舶駕駛執照」、「海上特殊無線技士執照」、「漁業權」等。

全國漁業就業者確保育成中心
https://ryoushi.jp

培育工藝職人的教育研習機構

名稱	工藝、技術種類	所在地	洽詢處	參考費用	教育內容
石川縣立輪島漆藝技術研習所	漆藝	石川縣輪島市	0768-22-7000	不需要 另需教材費	以傳承漆藝技術為目的，提供2年的特別研習，之後有3年的木工、塗漆等一般研習。不限年齡。
井波雕刻工藝高等職業訓練校	井波雕刻	富山縣南礪市	職業訓練法人井波雕刻工藝協會 0700-02-0100	不需要	在訓練校中先學習木雕基礎，之後再到師傅（業主）身邊（職場）接受指導，學習實務應用技能。15歲以上到25歲。為期5年。
陶藝新鮮人創生塾	萬古燒	三重縣四日市市	萬古燒陶磁器工業合作社 059-331-7146	準備研習2萬日圓、正式研習16萬日圓	須通過篩選考試。以轆轤成形實習為主，在1年期間內學習陶藝基礎知識和設計。不限年齡。
鍛冶屋創生塾 → page142	土佐鍛錘刀具	高知縣香美市	高知縣土佐刀具同業合作社 0887-53-9530	1年70萬日圓（透過繼承者培育制度每月會支付15萬日圓）	須通過篩選考試。原則上未滿40歲者。在2年期間學習刀具基礎知識、鍛造道具的用法、鍛造技術、研磨技術等。

改變工作方式 **7**

夢想釀造紅酒的夫婦，在島上開始經營小旅宿

東京都↓

新潟縣佐渡市

分別來自埼玉縣和大阪府的下川夫妻
挑選的移居地是完全沒有地緣關係的佐渡島。
一心朝向釀造
紅酒夢想前進的6年時光。

下川淳也、千里

淳也來自大阪府，曾經在咖啡廳工作，之後為了一圓釀造紅酒的夢想移居佐渡市。千里出身埼玉縣，原本任職於行銷公司，之後來到佐渡市加入地區振興協力隊。退任後開始經營「行板葡萄農家旅宿」。

攝影：間澤智大

為了實現「釀造出自己的紅酒」這個夢想，下川夫妻先從種葡萄這一步開始。

以釀紅酒為目標，尋找移居地的日子

「行板葡萄農家旅宿」是佇立於佐渡市真野地區一片綠意之中，一天僅接待一組客人的旅宿。在這裡可以享受宛如住在別墅的舒適體驗，經營這間熱門旅宿的，是2015年移居至此的下川淳也與千里夫婦。

兩人在東京的千駄谷相遇，千里是淳也工作咖啡廳的常客。當時千里在行銷公司上班，過著幾乎沒有休假的疲憊日子，眼前也看不見自己的未來。就在這時候，聽到淳也提到自己的夢想就是釀造紅酒、移居地方，種葡萄、釀紅酒的生活聽來好像很愉快，不知不覺中，這也成了他們兩人共同的夢想。

種下葡萄苗到結實大概要等 4、5 年。每天都在實驗佐渡究竟適合種什麼樣的品種。

千里回顧當時那段日子：「我們週末的約會通常就是到各處旅行尋找適合移居的地點。山梨、長野，我們去了很多適合栽種葡萄的地區，到處跟當地人聊天，詢問有沒有適合居住的地方，或者當地都種些什麼葡萄等等。」可是也不知為什麼淳也始終沒有點頭，他們也一直無法決定移居地點。

淳也表示：「當地已經有酒莊的地方，我就是覺得沒什麼吸引力。我希望從零開始，既然要做，就找個沒有人嘗試過的地方開始釀紅酒。」就在這時，他們偶然看到《BRUTUS》雜誌上的紅酒特集。上面介紹了移居到佐渡的法國釀酒師Jean-Marc Brignot。Jean-Marc是世界知名的自然派紅酒釀酒師，為了跟他見一面，他們立刻安排了三天兩夜的佐渡旅行。他們在Jean-Marc經營的餐廳「La Barque de Dionysos」對飲紅酒，一邊聽他的分享。

「今後要釀造紅酒，說實話前景相當困難，不過當時我的心終於定了下來，如果真的要做，佐渡是個好地方。佐渡的果樹栽培很興盛，也栽培生食用葡萄。這裡雖然沒有栽培釀造用葡萄，但我猜想不可能種不起來。這裡很少人釀造紅酒，對我來說也是一個優點。」

地區振興協力隊幫助他們下定決心移居佐渡

看到淳也深受佐渡吸引，千里也很快地轉換方向，朝移居佐渡的方向思考。首先，假如要一起移居，那自己也得在當地找工作，於是她報名了地區振興協力隊。原本以為機會不高，卻沒想到順利通過了資

在農園裡逐漸成長的葡萄樹。順利結實的葡萄雖然離紅酒還有一段距離，還是很珍惜地採收下來。

料審查。「之後也接受了面試，忙東忙西地，不知不覺移居這件事就確定了下來。當時是2015年2月，我先來到佐渡，3月起以協力隊的身分開始工作。」

住宅由佐渡市提供，為期3年，為了完成任期內的工作，千里開始忙碌奔走的日子。另一方面淳也也趕忙向任職的咖啡廳提出辭呈，比千里晚1個月，順利地在同年3月底來到佐渡。但一開始沒有工作的

別屋的包棟客房1天只服務1組客人。可以享受別墅般的生活。

在主屋的餐廳提供餐點。以招待客人的方式，誠心款待（防疫期間，餐點則於客房中提供）。

千里喜歡下廚，她跟有侍酒師和咖啡師經驗的淳也一起合力提供許多精心設計的料理。客房中提供 2 組小雙人床跟 1 組單人大小的寢具。也準備了歡迎大家自由翻閱的書籍，可以在此渡過悠閒的時間。

他，第1年在Jean-Marc的農園裡幫忙，一邊學習農業的基礎知識。「我是去學東西的，當然沒有拿薪水。之後接受了佐渡市針對新從農者提供的支援，每年150萬日圓的補助可以領取2年，並收到3間果樹農家的關照，讓我累積農業經驗。經濟上雖然比較辛苦，幸好千里是地區振興協力隊的一員，生活勉強過得去。真的很感謝。」

很快決定移居，期間也結了婚的兩人，發現了一個問題，那就是他們沒有駕照。在佐渡的移動基本上都仰賴開車。尤其是千里在協力隊的工作，沒有一般駕照幾乎無法工作，所以她趕忙報名了密集駕訓班、考取駕照。淳也在來了佐渡之後，一邊學習記路、一邊上駕訓班。「在這方面我們真的是走一步算一步。總之船到橋頭自然直，遇到問題再想辦法解決就是了，算是憑著一股衝動走到這一步的吧。」千里開朗地笑著說。

紅酒釀造和旅宿營運，兩者相輔相成！

兩人就這樣開始了佐渡生活，當然，他們的夢想是「種葡萄、釀紅酒」。不過要實現這個夢想並不容易，在租葡萄農園、開始栽培的同時，為了取得酒類製造執照，必須先建置起1年可以生產6千公升、也就是1瓶750毫升共8千瓶紅酒的體制。這些都非常花時間、勞力，還有金錢。

不過其實佐渡有「佐渡心動酒類特區」這種制度，經營農家民宿或者農家餐廳等的農業者，假如釀造自家消費的紅酒，可以獲得少量製造的許可，不需要製造如前述那麼大量的紅酒。知道有這個制度後，兩人眼前清晰地出現了「提供自製紅酒的旅宿」這個目標。

之後淳也在島內租下60公畝的葡萄農園，種下黑皮諾、白詩寧、灰皮諾、甲州、麝香貝利等各種釀造用葡萄苗，「老實說，我不知道究竟哪一種葡萄才種得起來，所以才都試一些。現在已經來到第4年。將來希望在旅宿基地裡也蓋個釀造廠，讓客人可以喝到用這些葡萄釀的紅酒。」淳也說這些話時眼裡閃閃發亮。

在種植葡萄的同時，他們也開始尋找能當自家也能兼營旅宿的物件。「最好離葡萄農園近，旁邊可以種菜，然後是日式房屋。開出許多條件後，最後找到了我們現在的房子。這裡有主屋，也有寬敞的別屋，簡直就像開口邀我們『來開民宿吧！』的物件，於是馬上決定就是這裡。」

買房子的金額包含土地、建物、田地，總共3百萬日圓，在都會區根本難以想像能有這種少了1位數的划算價格。雖然另外花了大約6百萬日圓修繕，但因為佐渡市屬於國家規定的「特定有人國境離島地區」，在市內創業可以獲得4分之3的經費補助。由於運用了這個制度，他們的自費額只需要4分之1、大約150萬日圓。

另外因為將坑式廁所變更為沖水廁所，需要加裝淨化槽。下川家為了開旅宿，設置了大容量的淨化槽，大約花了1百萬日圓左右，但這些也都可以申請到補助，自費額大約60萬日圓。

希望早日讓大家喝到我們的紅酒！

在他們自己動手修繕老屋之後，旅宿正式在2020年2月取得營業許可。當時正好遇上新冠疫情，起步令人不安。不過這間宛如遺世隱居的舒適旅宿贏得住客的好評，回響遠高於預期。一有預約他們就覺得很開心，一一接下，不知不覺進入了完全無法休息的狀態。

「雖然慶幸，但另一方面，旅宿的料理和打掃都是由我們夫妻兩人一手包辦，很快就覺得忙不過來，反而顧不上最重要的農園工作，我覺得是大大的失策。現在我們設定了『農作日』，也減少了住房預約。營業額方面我們先計算1個月的生活費跟旅宿的相關經費，然後算出需要營業幾天才可以有盈餘。現在的收入大約可以支付我們最低限度的生活所需要的金額。不過我們日子過得很開心，生活也不覺得有什麼困擾。今後的夢想是希望可以讓來到這裡的客人喝自釀紅酒。當然這並不是終點，之後還會再有其他的夢想，希望可以不斷嘗試新事物，享受人生。」

他們兩人找到理想的天地，正一步一步實現著自己的夢。不著急、不緊張，用「行板」般的速度前進，或許這正是他們成功移居的祕訣吧。

可愛的招牌貓薄荷和茴芹十分溫順，總是讓房客獲得療癒。

下川家的移居 DATABASE

Before After

	移居前		移居後
居住地	東京都	→	新潟縣佐渡市
家庭結構	婚前 1 人＋ 1 人	→	2 人（夫妻）
住處	租賃公寓 （兩房兩廳）	→	市提供的公寓（免費） 老屋八房兩廳加上別屋， 總共 3 百萬日圓。 另外花費約 6 百萬日圓裝修、 設置淨化槽約 1 百萬日圓
工作	淳也：任職於餐飲店 千里：上班族	→	淳也：農業 千里：地區振興協力隊 紅酒釀造、旅宿經營
興趣	紅酒、瑜伽等	→	過去的興趣現在都成為工作， 現在沒有其他興趣

Question

移居的原因	希望在地方釀造紅酒。
決定移居地點的關鍵因素	因為佐渡沒有酒莊。
交通條件	島內基本上需要開車。
公共服務的充實度	老屋的下水系統不完善，加裝了淨化槽。
收入和支出的變化	收入減少為 1/3，但第 1 年到第 3 年房租支出為零，餐費也很便宜，勉強可以度日。
是否利用支援制度	接受針對新從農者提供的 1 年 150 萬日圓補助，共領了 2 年。 改裝費用約 6 百萬日圓中，獲得了約 450 萬日圓的補助。 淨化槽約 1 百萬日圓中，獲得了約 40 萬日圓的補助。
鄰里關係	恰到好處的距離感。會參加村落的活動， 但彼此之間不會過度干涉。
移居後的好處	每天有很多事情可做，日子過得很充實。 朝著夢想努力，覺得非常開心。

改變工作方式 8

在最愛的沖繩開店，生活和想法都更自在從容

神奈川縣→
沖繩縣那霸市

玉置裕也、真理子

在神奈川縣橫濱市中華街從事餐飲業。2017 年移居沖繩後，裕也先在那霸市的餐飲店工作，之後在 2020 年 8 月開設了兩人一起經營的自然派食堂「玉手箱」。

之前服務於餐飲業的玉置裕也，
以獨立開業為目標，所挑選的開店地點在沖繩。
聽聽他在熱門移居、開業地點
沖繩開店的心得。

從橫濱到沖繩，移居、結婚等重大變化

走進沖繩縣那霸市主要幹道國際通後方的小巷，眼前是充滿沖繩特色的巷弄。其中龍宮通兩側個人經營的小酒館林立，充滿昭和年代感的懷舊氣氛。來到這裡的巷弄中，感覺到真正能深度探索當地。在這條路上有一間餐廳刷著白牆，時尚外觀十分醒目，這就是2020年8月開業的「自然派食堂 玉手箱」，從橫濱移居至此的玉置夫婦所經營的店。

「我本來就很喜歡沖繩，經常來旅行。沖繩民謠、料理、歷史，每一趟都可以學到很多東西，漸漸地越來越喜歡。以前我在橫濱的中華街從事餐飲工作，也嘗試把在沖繩

所學融入料理中。29歲時心想，如果這輩子要移居，那可能只有現在了，於是決心移居到那霸來。」

告訴我們這段故事的玉置裕也老家在青森縣。為了學習餐飲，他先從青森移居到橫濱，所以實際上這算是他第二次的移居，來到沖繩並沒有讓他太緊張。但是他跟太太真理子是因為要移居沖繩才決定登記結婚，從單身變成兩個人這一點，是很大的變化。

「關於移居後的新住處，當時我先搬來那霸，租了一間月租式公寓，一邊找房子。工作方面我並沒有在移居之後立刻開餐廳，還在橫濱時經朋友介紹了一間那霸市內的餐飲店，先在那裡工作了大約3年後，才開了自己的店。」

舒適的店內。為了容易申請衛生所的營業許可，選擇找頂讓的物件。

雖然花了一段時間，但終於找到理想的店面

國際通周邊店家的汰換率很高。剛發現有空屋，馬上就開了新店，所以要找到條件符合的並不簡單。玉置除了找當地不動產公司商量，也會從當地人口中得到資訊，實際

開業前就經常去拜訪農家，採購鮮度高的蔬菜。

提供100%蔬食的台灣或馬來西亞等亞洲料理。使用的蔬菜都是縣產的無農藥蔬菜。

在附近走動，尋找有沒有空出的店面。「結果我終於找到了一間10坪左右的空間，這個大小最受歡迎，一般很難在市面上出現。剛好在房屋空出來的時候，透過不動產公司的介紹得知了消息。當時距離我開始找房子已經過了4個月左右。」

2020年4月，終於決定了店址，決定從同年7月起租。在這之前的4個月，是他準備開業的期間。不過當時正好是新冠疫情期間，呼籲大家減少外出，所以他多半都待在家中，一步步地製作傳單和菜單。

「7月開始可以進入店面，終於能加緊腳步準備。店裡放的大塊木板桌面跟泥染的椅墊，都是特別請職人製作的，可是疫情期間工匠們也很忙，一直等到開店前一天東西才終於送到。驚險趕上。」

驅車不久，就可以來到美麗的海邊。比起移居前更喜歡戶外活動。

車上堆了露營用品，隨時可以當天來回去露營。跟自然距離更近，也是移居沖繩的優點。

享受生活，對經營也帶來好的影響

現在餐廳每週公休2天，把時間用來休息、備菜、外出。「開車20分鐘就有漂亮的海，經常可以感受到旅行才能體會的感覺。隨時都可以去離島，也可以把車開上渡輪，去離島露營。跟移居之前相比，行動範圍更廣了。」

在關東時生活一切以工作為中心，很少說走就走，不過移居後多了許多餘裕，有很多時間可以外出或者跟自己相處。

「移居前，自己身處的環境和想法都很固定，現在變得柔軟多了。多出了時間後，可以好好面對自己，發現自己真正想做的事，也因此多了很多能量。這些變化也都反映在業績上。我現在希望將在沖繩學習到的生活形態、飲食，傳遞到橫濱去。」

桌椅委託讀谷村的職人製作，泥染都是自己來。

玉置的移居 DATABASE

Before After

	移居前		移居後
家庭結構	1 人	→	2 人
住處	租賃公寓 一房一廳、 約 7 萬日圓／月	→	出租公寓 兩房兩廳、約 7 萬日圓／月
工作	任職於餐飲店	→	先任職於餐飲店， 之後自己經營餐飲店

Question

交通條件	在生活範圍內可以靠徒步、自行車、單軌電車行動。 出遠門時會開車。
公共服務的充實度	瓦斯是液化石油氣。店鋪使用家用天然氣。 水是硬水，需要另外購買飲用水。
是否利用支援制度	開業時剛好遇上新冠疫情， 沒有開放創業補助的申請，無法獲得補助。

改變工作方式 9

身為廚師、經營者 打造讓當地人開心的環境

東京都→
櫪木縣高根澤町

因餐飲店的徵人廣告上的
「提供義大利研習」這句話，
幸運遇上貴人，
現以廚師、經營者、父親身分，振興高根澤町。

照井康嗣

1977年生於埼玉縣熊谷市。在義大利餐廳學習過鄉土料理跟紅酒知識。回國後在東京都內擔任主廚，2016年移居高根澤，開設餐廳。

在義大利餐廳擔任廚師

埼玉縣熊谷市出身的照井康嗣，從大學時期就很嚮往海外生活。「我心想，如果有一技之長，應該也能在海外生活，剛好在一間餐廳的徵人廣告上看到『提供義大利研習』這句充滿誘惑的話，於是開始去那裡打工。但實際上並沒有這種研習（笑）。」

他在餐飲店認識了以前曾經在義大利的日本大使館當過女僕的女性，對方建議他可以一邊存錢一邊學語言。

5年後在她的介紹下，順利進入了義大利本地人上的義大利國立飯店學校。在當地除了學習料理基礎，為了更了解正宗義大利料理，他也積極在外面的餐廳打工。

義大利食堂「Vecchio Tram」這個店名取自他在義大利第一間學習的餐廳名，意思是「古老的路面電車」。

飯店學校畢業後，他陸續待過亞得里亞海岸邊、接近奧地利國境的特倫提諾–上阿迪傑區等地的餐廳，間間都是星級餐廳，在此學習鄉土料理和紅酒知識。

同樣是義大利料理，紅酒和料理都會根據地區而不同。

「每個地區一定都有用當地品種的葡萄釀的紅酒。菜色方面如果在深山，主菜會是大塊的肉，接近海邊就會是使用新鮮海鮮的料理。為了學會義大利各地的鄉土料理，我花了5年、在5間餐廳工作。」

在義大利修習廚藝後於2008年回國，先後在東京青山、六本木、練馬擔任主廚。除了料理之外，他也參與到食材成本、進貨控制、新店開業等各種業務。

為了孩子的成長，決心改變生活環境

移居高根澤的轉機來自孩子。「我們的孩子是身心障礙者。我們不斷告訴自己，要轉換積極的心態誠實面對自己，後來漸漸下定決

一同振興高根澤的夥伴們。

心，想擁有一間自己的店。就像在義大利生活時一樣，我想要一家人在鄉下小鎮悠閒生活，經營自己的事業。」

在東京擔任主廚時，他就經常使用高根澤的蔬菜，也認識了當地的生產者。確認太太娘家也願意協助帶孩子之後，他們在2015年10月決心移居高根澤，隔年1月正式移居。同年9月，開設了「義大利食堂Vecchio Tram」，進展速度相當快。之所以能這麼快速地推展，都要歸功貴人相助。

當時高根澤町和商工會、合作金融機構正好開始執行一項協助在町內創業的「創業支援等事業計畫」。他認識了從合作金融機構外調到町公所負責該計畫的窗口。

「那位窗口介紹了當地農家、行政機構、金融機構，還有開設餐廳需要的業者等給我認識。多虧如此，獲得了不少人脈，開店之後地方報還來報導。」

之後除了餐廳經營，他也開始發展蔬菜行動銷售「Vecchio K Tram」。目前放了很多心力在成立電商網站，銷售使用當地農家蔬菜的加工品。

以農業和飲食為中心，振興地方

即使在農產豐富的高根澤町，也同樣面對著後繼者不足等問題。跟農家往來的過程中，他開始動念想以農業為基礎促進地方的活化，設立公司，成立飲食、零售跟農業部門，將人引入地方，創造更多的就業機會。

這樣的想法與他想雇用身障者，為他們提供歸屬的念頭也有相關。想要種植蔬菜的人可以務農，想做麵包的人就到烘焙坊工作，無論是否為身障者，打造一個讓任何人都能發揮長處的地方，就是他今後的夢想。

「我真的遇到一個在東京餐飲店工作的人，告訴我想換個環境，於

深受好評的農產品行動銷售「Vecchio K Tram」。

左：高根澤的田園風景跟義大利鄉間的氣氛很相似。
下：草莓的產地栃木。隨時都能取得好吃又新鮮的農作物。

是他今年春天開始移居高根澤，在我這裡工作。」負責行動銷售、餐廳裡的披薩師傅，都是從外地移居到這裡的。照井周圍漸漸聚集了許多人，形成一個振興地方的社群。

照井的移居 DATABASE

Before After

	移居前		移居後
家庭結構	4 人 （自己、妻子、女兒、兒子）	→	4 人 （自己、妻子、女兒、兒子）
住處	出租公寓兩房兩廳 17 萬日圓／月	→	太太娘家 4 萬日圓／月 （今後預計購買空屋）
工作	餐飲業主廚兼董事	→	自行開業 →設立公司 （開業費用 3 百萬日圓）

Question

交通條件	幾乎沒有公車，必須仰賴開車。
公共服務的充實	瓦斯、水電都沒有問題。也有醫院。學校學生人數少，可以配合孩子的步調教學。
是否利用支援制度	運用支持在高根澤町內創業的「創業支援等事業計畫」。

改變工作方式10

與人的相遇，牽引出開設老屋咖啡廳的緣分

東京都↳三重縣多氣町

為了尋找能專心品嘗咖啡美味的地方
而移居的金川幸雄，
多氣町是他口中「命中註定的地方」，
開業之前，歷經了什麼樣的過程？

金川幸雄

咖啡烘焙師。繼承祖父創業的「金川珈琲」。跟伴侶兩人移居三重縣，2020年在老屋開設了咖啡廳，同時也在網站上販售咖啡豆。
https://kanecafe.com/

多氣町曾是連結紀州藩本城和田丸城的和歌山別街道上重要的驛站城市，繁榮一時。金川珈琲就開在這條街道上。

想打造一個能真正好好品嘗咖啡的地方

挑高的空間，抬頭可以看到厚實的屋梁。金川每天早上都會在這棟有136年歷史的老屋裡，沖泡現磨的咖啡，他來自東京都大田區，家裡從祖父那一代起就持續經營專業咖啡烘焙店，傳承到他已經是第三代。

「金川珈琲」是創業70年的老字號。1951年，金川的祖父金川英一先生，開了一間老式咖啡館「KINREI」。父親正道先生曾經留學巴西，是日本人首位巴西咖啡鑑定人。從父親那一代開始，金川就以接班人的角色負責所有咖啡豆的烘焙，在父親提及有意退休時，便開始思考到了自己這一代移居的可能。

「咖啡不管是烘焙、磨豆、沖泡，都需要慢慢花時間。我覺得也應該要一樣花時間來慢慢仔細地品嘗，希望能在這樣的地方開店。我心想，東京不可能實現這樣的夢想，於是開始找遍全國『能真正品嘗咖啡的好地方』。」

一開始先透過網路或雜誌等尋找移居地點，後來知道在東京有樂町的「回歸鄉里支援中心」舉辦全國的移居諮商，便前去拜訪。回歸鄉里支援中心的三重縣負責人很設身處地地傾聽需求，當時金川心中還有其他候選地點，所以這時決定移居到三重縣還操之過急，不過其實在金川動手調查之前，他原本對三重縣並不了解。調查後才知道，原來松阪牛和伊勢龍蝦都是三重縣的名產，這裡有伊勢神宮、熊野古道，也是鈴鹿賽車的舉辦地點，茶跟米都很好吃，調查過程中也深受三重縣人的性格特質吸引。

「像名古屋的特產炸蝦飯糰，其實那原本起源自三重縣。但他們從來沒有主張過『那是我們的！』這種謙虛內斂讓我很欣賞。」感受到縣民的特質、這種人性的魅力，讓他加強了移居三重縣的想法。

提起移居的話題時，伴侶美穗很快就接受，也自己開始調查三重縣的狀況。他花了很多時間，跟父母親說明自己的想法。父母親接受之後，他也告訴了長久來往的客戶，很多客戶都表示支持：「只要咖啡豆的味道不變，現在這個時代靠宅配東西哪裡都送得到。」

開一間能在老屋慢慢享受咖啡的店——開始研究移居地點後過了大約4年，在2019年2月，兩人關掉在東京持續將近70年的店，移居到三重縣。他們兩人之前都沒有來過三重縣，在這裡也沒有熟人。

一個人引向下一個人，遇見珍寶般的老屋

金川兩人移居之初，住在松阪市的飯高町。當時家裡養著貓，所以無法租用移居者專用的住宅，不過公所的負責人替他們介紹了空屋的屋主。房東表示：「你們之後要開店，現在最好別多花錢。」只收了他們水電費。

他們以飯高町這個房子為據點，開車去過松阪市、多氣町、大台町、伊勢市、菰野町、名張市、度會町等各個地方找老屋。熟識的工

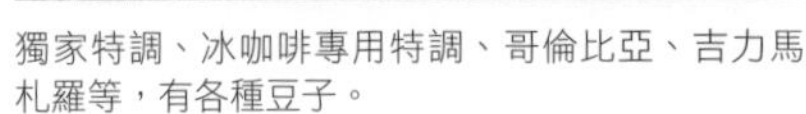
獨家特調、冰咖啡專用特調、哥倫比亞、吉力馬札羅等，有各種豆子。

一踏進店裡，就能看見由厚實櫸木屋梁架成的溫暖空間。

當地點心師傅使用金川珈琲所做的點心。

務店教了他們挑選老屋的重點。

「例如要看地板下和屋頂下，還有房屋後面如果是石牆會有崩塌的危險等等，聽了許多細節，我們看房子的時候也開始學著注意。」

花了4個多月，看了將近上百間老屋後，多氣町公所的負責人介紹了一間房子給他們。建築物面積差不多有150坪、歷史超過130年，之前是和服店。店面空了8年左右，已經成為地方上文化財般的存在，原本也沒打算出售。

「公所的負責人既親切又熱心，他也很清楚那間老屋沒打算出售，只是邀我去看看、單純參考，並且介紹了屋主川口夫妻給我認識。去看房子的時候我們跟屋主打招呼：『不好意思就這樣不請自來了。』川口夫妻很大方：『盡量看！』還讓我們看了屋頂下的閣樓。之後我們就認識了，還交換了聯絡方式。川口夫妻他們來多氣町的時候我們會一起吃飯，照顧我們就像照顧自己兒女一樣。」

「傳承給下一個世代」，接收老屋

或許川口夫婦也有心想託付這棟房子吧。他們將老屋鑰匙交給金川，說是歡迎他們在這裡過夜。但金川他們一直很猶豫，覺得自己不能隨意使用這麼氣派的房子。

「有一天川口先生打了電話來：『金川先生，我家是不是狀況太糟、已經回天乏術了？』他還說：『要不要在我家開店？』」川口先生為了金川他們要開店，甚至還幫忙租下了店門前的停車場。

「我們本來計畫的空間大約是這房子的3分之1到2分之1左右，購屋費用也超出了原本的預算。再說，這是一棟很有歷史的房子，讓我們使用實在太浪費了，所以不斷拒絕，但是接到這通電話之後我心想，是時候下定決心接受了，於是我告訴川口先生，我會認真考慮。當時我們沒有任何擔保，於是先去找銀行和信用保證協會商量可以貸款多少。當我們兩人決定就是這棟房子時，我太太也對我說：『我也會好好努力的！』」

買下房子之後，金川依然不覺得房子是自己的。那是因為他們認為這麼有歷史的房子不能結束在自己這一代，一定要好好傳到下一代手中，自己只是「暫時代管」這重要的資產。

2019年秋天開始著手進行房子的改裝，他們委託專精老屋修繕的山路工務店小林先生。介紹這間工務店的一樣是公所的負責人。

「對工務店來說，這間氣派的老屋他們哪裡都捨不得動，不過我還是告訴他們我的需求，例如把1樓玄關和隔壁3坪大房間的天花板打通，露出屋梁，1樓和2樓和室改為西式客房等等，一有改動就會跟川口先生報告。川口先生總是說：『隨你喜歡，都可以。』」

跟店面相鄰的居住空間，他們將土間改裝為木頭地板，也改改裝了浴室，其餘的工程都自己動手。例如將腐朽灶台解體、改為倉庫空間，也學會裝天花板和刷油漆。

不過動工後1個月左右，川口先生便過世了。原本希望讓川口先生看到完成的店面，一直開心地施工，金川他們心情頓時低落了下來。「這種時候每當我工作到深夜，明明沒有人在，但還是會感

植物學家牧野富太郎送給金川珈琲的簽名。他從金川先生祖父那一代就經常光顧金川珈琲。

挑選喜歡的味道，等待現磨的咖啡。在老屋裡渡過悠長緩慢的時間。

覺到有一股視線。一點也不覺得可怕，反而有種溫暖的感覺。我心想，一定是川口先生在附近看著我，不是消沉的時候，便重新振作了精神。」

歷經6個多月的改修期間，2020年4月下旬，新生的金川珈琲終於誕生。

金川珈琲獨家特調，名為「你的朋友」

咖啡豆的烘焙會隨著咖啡豆的狀態和溫濕度等而變化，是相當纖細的作業。開店之際，金川為了能提供比東京的店更好的味道，開始進行烘焙的訓練。啟用從祖父那一代就開始使用的烘豆機，一直不斷守在機器旁，觀察豆子的狀態。機器的容量有20公斤，但是為了希望讓顧客喝到最新鮮的咖啡，每次只烘7～8公斤、重複數次。一進到店裡，客人立刻會驚呼「好香啊！」。

「為了讓客人一進來就可以享受到咖啡的香氣，我們決定不提供餐點，只提供適合搭配咖啡的點心和蛋糕。而且多半都是當地手工製作的品項。」

金川珈琲的獨家特調命名為「Vosso Amigo mix」。Vosso Amigo是葡萄牙文中「你的朋友」的意思。「很幸運地，東京的老客戶持續透過宅配方式跟我們訂貨，依然維繫著關係。我希望咖啡可以成為大家身邊很親近的存在。因為我覺得這是一種可以讓我們心情平靜、感到幸福的飲品。」

結束東京的店，移居三重縣，重

點單後在吧檯 1 杯 1 杯沖泡。從 2 樓挑高座位區也可以俯瞰沖泡咖啡的過程。

金川珈琲獨家特調 Vosso Amigo mix。混合 4 種咖啡豆，絕妙平衡的順口風味。

春天燕子在招牌上築巢。

除了在店裡內用，咖啡也可以外帶。

新開業。聽來相當重大的決定，但金川卻表現得一派輕鬆。「經常有人說我『很有勇氣』，但我自己一點這種感覺都沒有。從回歸鄉里支援中心的負責人開始，一路上遇見了很多好人。如果要給考慮移居的人建議，那我會說，請把你最真實的想法盡量說給許多人聽。這麼一來自然會有人會在你困難的時候伸手相助，也會教會你許多不懂的事。」

比起金錢，更重要的是想要做什麼

金川現在受三重縣廳的委託，擔任移居的顧問。希望移居的人經常會問起錢，金川體驗過身邊許多人的幫助，願意只收水電費組給自己房子的人、願意送蔬菜給自己的人，他深刻感受到「移居之後想要做的事情」才是最重要的。

開店之前到附近河邊吃便當，夏日體驗釣魚之樂，現在的金川和太太兩人盡情享受著多氣町的生活。他笑著說，現在最期待等到新冠疫情減緩後，東京的父母親和朋友能來店裡看看。

金川的移居 DATABASE

Before After

	移居前		移居後
居住地	東京都大田區	→	三重縣多氣町
家庭結構	跟伴侶 2 個人生活	→	跟伴侶 2 個人生活
住處	獨棟房屋	→	獨棟房屋
工作	咖啡烘焙士	→	咖啡烘焙士、經營咖啡廳
興趣	釣魚	→	一樣喜歡釣魚，但改裝老屋時體驗過自己打造住處，後來店的招牌跟放置候位登記簿的架子也都是親手製作的

Question

移居的原因	希望打造一個能真正品嘗美味咖啡的地方。
決定移居地點的關鍵因素	深受三重縣人的性格人品吸引。
交通條件	有車會比較方便。
公共服務的充實度	開車 10 時分鐘左右就能購物，沒有感到不方便的地方。
是否利用支援制度	無
鄰里關係	「你怎麼會認識住在幾公里外的人？」這裡就是如此驚人，幾乎大家都彼此認識。第一次在路上見面的人也會彼此打招呼，遇到事情大家互相幫助，跟人的接觸讓人覺得很自在。
移居後的好處	遇到許多貴人，開了一間如同珍寶的店。

改變工作方式 **11**

跟愛貓一起悠閒自由地經營老屋咖啡廳、種植香草

埼玉縣→宮崎縣高千穗町

前往一直深受吸引的神話之鄉高千穗町。
起心動念後立刻決定移居的長澤世理子，
以最自豪的行動力為武器，按照自己的步調，
跟愛貓一起沉浸在不同於都會的生活中。

長澤世理子

生於富山縣。數度輾轉移居橫濱、群馬、埼玉、關東各地後，2013年單身移居到高千穗。經營咖啡廳「貓咪尾巴」，同時創立了「高千穗香草」公司，自行創業。

神職人員的一句話 讓她決心移居高千穗

高千穗是日本知名的神話發源地，同時也是九州熱門的觀光地。在這個小鎮的中心，距離高千穗神社徒步約3分鐘的巷弄裡，經營老屋咖啡廳的長澤，老家在富山縣冰見市。配合同鄉的先生調職，陸續從富山移居到橫濱、群馬、埼玉、關東之後，2013年春天，她隻身來到高千穗。

「20年前我當導遊時第一次來到高千穗。當時看到的神社寺院，不管多小的地方都打掃得很乾淨，讓我印象深刻。我深深受到這裡崇敬神明存在的氛圍和文化、人們的生活方式所吸引，之後又來旅行過許多趟。」

決定移居之前，長澤心裡模糊地想像「退休後希望可以在像高千穗這樣擁有自然豐富資源的地方生活」，但並沒有任何具體的計畫。2012年秋天，為了欣賞傳統夜神樂而來到高千穗，成為促使她隔年移居的原因。

「我去荒立神社參拜之後，跟那裡的宮司（神社職位最高者的神職人員）聊天，他建議我『如果考慮將來要移居，那最好趁還能工作的時候來』。也不知為何，這番話聽起來似乎非常有道理，感覺自己好像被推了一把，心想，那不如就現在移居吧。」

決定移居之後一切進展得非常快。辭去原本的派遣工作後，她馬上前往高千穗開始找住處，在當地不動產公司介紹下，她找到了一間

如同店名，這間店的主角就是貓。店裡有明信片、御朱印帳等，與以貓為題材的各種可愛雜貨。

60年歷史的老屋，在這裡開始了高千穗的鄉間生活。當中只花了短短4、5個月時間。

「我因為先生還在工作，就經濟層面來說沒有迫切立刻得獲得收入的壓力，這一點很重要。我原本就是決定了之後就算只有自己1個人也想要立刻行動的人，所以對於隻身搬來高千穗這件事並沒有太多猶豫。現在丈夫在福岡縣，同樣在九州，不過過去我們曾經分居埼玉縣和宮崎縣生活過大約2年，他很了解我的個性和想做的事，並沒有特別反對。現在回想起來，我覺得以我的例子來說，在移居之前的過程一切都進展得蠻順利的呢。」

邂逅了香草，讓工作越來越快樂

她原本只打算在這裡悠閒地經營一間以貓為主題的雜貨店，不過顧客希望有飲食的聲音越來越多，後來增加了咖啡廳。由於地處觀光區，有很多從鎮外和縣外來的遊客，跟這些顧客的交流也是她的樂趣之一。

「客人當中會遇到自營業或者經營咖啡廳的人等，跟我自己境遇很

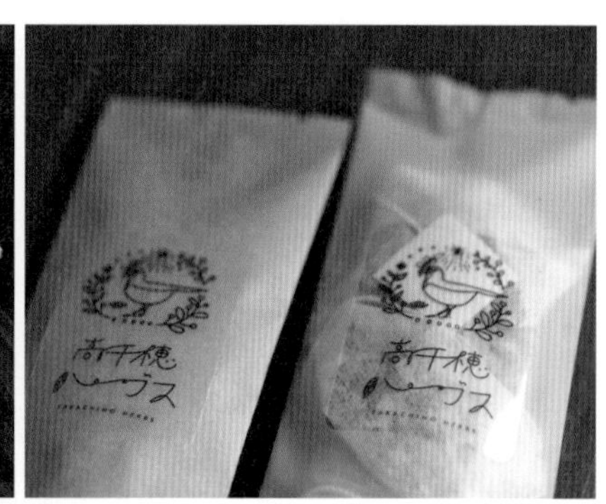

在店內販賣自家農園種的香草和米。完全不使用農藥栽培。

像的人。往往一邊聊天一邊交換資訊，很自然感情就變好了。沒想到移居到這裡比我住在都市時的人際關係更廣。」

看到長澤說這些話時沉穩又有活力的樣子，就可以感受到她在高千穗生活的充實。不過剛移居過來的前2年，她也嘗過無數的迷惘跟恐懼。「移居、開咖啡廳，到這階段都還好，不過我一直沒有找到下一個目標。那個時候一想到未來的事就會覺得不安。會覺得，我怎麼讓自己走到這個地步呢……（笑）。」

位於高千穗町主要街道後巷的咖啡廳。除了地點好之外，附庭院也是當初決定此處的重要因素。

對未來沒有目標，現在在做的事情也老是千篇一律的重複，越來越枯燥。當長澤開始有這種感覺時，跟一位顧客的相遇為她帶來了轉機。「有個在山裡種香草的人來到我的咖啡廳。他送給我的香草味道非常好，我跟他買了一陣子，之後我也開始想自己種香草。我到各地香草園去拜訪、學習，嘗過很多失敗的經驗。歷經許多錯誤經驗後，最後終於找出對的方法，種出了美味的香草！從自己農園裡現採的香草味道真的很新鮮。」

這種沒有止境的強大行動力，正

溫潤木質風格的店內讓人心情平靜。入口裝置的注連繩代表著高千穗是神靈安住之地。

對長澤來說，栽種香草雖然是工作，但也是她可以埋首投入的興趣。

是長澤最大的武器。咖啡廳開始提供的自家農園花草茶深受顧客好評，大家開心的聲音就是長澤的能量來源。她在２０１９年設立了「高千穗香草」公司，希望研究如何運用在高千穗豐沃土壤栽培出的香草來開發商品。

「過去因為先生調職、經常搬家的原因，讓我無法全心投入工作。但是現在，工作已成為了我生活的一部份。看到別人對我做的花草茶和料理有反應、覺得喜歡，我就很開心。腦子裡不由得開始想『下一步該做什麼』，樂在其中。」

跟當地人的連結
帶給移居生活莫大的幫助

都會跟鄉下最大的差異，就是跟鄰里的往來。在地方或者鄉下因為熟人多，很多地方居民之間會比較積極地涉及彼此的生活。長澤剛移居時，也因為還不習慣這樣的距離感到困惑、煩惱，有一陣子還曾經搬家到隔壁熊本縣阿蘇市，通勤到店裡。

「可能因為周圍都是認識的人，所以大小事都會很關心。比方說如果沒看到我的車，就會有人問我去了哪裡，隨口說了一聲家裡沒電視，隔天就會有人幫忙找電器行來

跟在咖啡廳裡的樣子判若兩人，在荒立神社境內精力充沛揮舞著薙刀的長澤。

和荒立神社的興梠宮司（左）還有住在附近的好友村上小姐（中央）。於神社前的帳篷裡販賣自製香草等，一邊跟地方上的朋友交流。

（笑）。雖然受到很多照顧，大家也都很親切，但一開始確實也覺得有點窒息。」

經過這些波折，長澤也透過務農漸漸發現當地人不求回報的溫柔、親切，不知不覺融入了這個地方的氣息。現在除了香草農園，她還種米、開發商品，但是移居高千穗之前，她從來沒有務農的經驗。對長澤伸出援手的，也一樣是地方上的大家。

「當我全心貫注投入田裡的工作，附近的人什麼也不說，就默默地伸手幫忙。大家提供很多意見，還出借農機給我。如果在都市，大家警戒心比較重，通常不太敢上前搭話。可是在這邊完全沒有這種狀況。光靠我一個人的力量是不可能持續務農的。」

另外，也因為跟當地人交流，讓她有了新的興趣。那就是高千穗自古相傳的古武道之一，薙刀。現在她在荒立神社學習薙刀的用法，感受到活動筋骨的快樂。「起因是我跟在高千穗經營旅宿的村上針紀小姐成為好友。她有薙刀的教師資

高千穗的傳統藝能「夜神樂」。高千穗神社每天晚上都會針對觀光客表演大約 1 小時的舞。

格，借用荒立神社的場地授課，我覺得很有趣，就去參加了。現在神社前的帳篷也幫忙銷售我公司的香草商品。不只是她，對我來說這個地方的人真的都是我很依靠、信賴的存在。」

最後我們請長澤給從都會到鄉下，環境出現重大改變的移居提供一些建議。「總之盡量維持自己最自然的狀態。如果勉強自己融入當地的人或者氣氛當中，或者一直逞強，一定會累壞的。依照自己的步調，真誠面對，一定會出現跟你有共鳴的人。我就是最好的例子。」

長澤總是不斷提醒自己，「要維持最自然的自己」。想跟幾年前開始養的流浪貓紋次郎，一起守著高千穗四季更迭的豐富生活。

長澤的移居 DATABASE

Before After

	移居前		移居後
居住地	埼玉縣	→	宮崎縣高千穗町
家庭結構	2 人（自己、丈夫）	→	2 人（自己、丈夫 ※ 跟需要調職的丈夫分居）
住處	出租公寓 三房兩廳、 15 萬日圓／月	→	老屋（租賃）、3 萬日圓／月， 2018 年以 350 萬日圓買下老屋， 改裝 200 萬日圓
工作	派遣員工	→	咖啡廳店主、公司經營者
興趣	高爾夫、旅行	→	工作、古武術

Question

移居的原因	以前就想過要移居鄉下。荒立神社的宮司推了一把，決心要趁還有活力時移居。
決定移居地點的關鍵因素	從以前就很喜歡這裡，曾經來旅行過好幾次。
交通條件	一定要有車。
公共服務的充實度	電、瓦斯等基礎設施沒什麼不同。醫院較少，會到縣外常去的醫院去看病。
收入和支出的變化	收入減少了，但生活不太需要花錢，所以收入多半都用在擴大事業上。
是否利用支援制度	無。
鄰里關係	有。農務和商品銷售等，受到鄰里許多幫忙。
移居後的好處	可以在安靜的環境裡更貼近地感受到四季。 工作變得更愉快。

兵庫縣→東京都→兵庫縣養父市

改變工作方式 12

依照自己的步調 經營老屋咖啡廳

山下夫妻改裝連同土地共150萬日圓的老屋，開了一間只有週末營業的咖啡廳。
移居後工作和生活都有了一百八十度的轉變，他們理想的生活形態是什麼樣子？

山下將幸、美妃

將幸出身兵庫縣朝來市，美妃出身養父市。2019年他們在養父市大屋町開了「Cafe Fika」。開業前運用群眾募資募集資金也兼宣傳，達到了目標金額。

每天早上的一杯咖啡，帶來一整天的幸福

山下將幸、美妃這對夫妻在兵庫縣養父市若杉高原大屋滑雪場附近山間，經營一間咖啡廳。將幸在東京生活了9年、美妃則是5年，但2018年時兩人回到離老家不遠的這個地方，買下老屋返鄉移居。之後他們花了大概10個月，慢慢替老屋改裝。他們敲掉1樓所有牆壁，改為寬闊的咖啡廳，2樓則改裝為居住空間。

將幸表示：「咖啡廳基本上只有星期六日營業，國定假日偶爾也會營業。平日早上會被愛犬洋芋片的叫聲喚醒，帶牠去散步。回家後沖杯手沖咖啡，慢慢思考今天一天要做的事。從咖啡香開始的早晨，這

打通1樓牆壁的寬廣店面，是非常重視木材的溫潤質感。入口大門等處原有的好建材都直接保留下來。

段時光真的讓人覺得很幸福。」

住在東京時跟人合夥開咖啡廳，幾乎每週六天都從早到晚工作一整天，早上沒有時間在家裡悠閒地沖咖啡，移居之後生活形態可以說完全地改變了。

「現在不需要付房租，每個月只要有6萬5千日圓就足夠生活。收入少，但是稅金和健康保險的負擔也減輕了。對我們來說只要最低限度的工作，就足夠支撐生活了。但是看在外人眼中……，特別是在鄉下，『不工作是不好的』這種想法到現在都還根深蒂固，附近的人也經常會問我們『平常都在做什麼？』還會想介紹我們工作（笑）。我自己不太在意，但如果是很在乎左鄰右舍眼光的人，可能會覺得有點辛苦吧。」

用自家菜園採收的夏季蔬菜烤出的披薩。

日常生活跟育兒，都珍惜自己想要的方式

開業時山下夫妻挑戰了群眾募資，也成功達成目標，最後總共募得51萬日圓。

「多虧大家幫忙，讓我們達成了目標，不過手續費大約要7到10萬日圓，再加上提供給支持者的回饋得用冷凍配送咖哩，這些都得花成本跟運費。另外還要交所得稅，最後手邊只剩下10到20萬日圓左右。所以假如籌資的目的是開業，那還是建議向銀行貸款。不過群眾募資同時也有宣傳效果，也可以知道實際上有多少人願意支持，這也都是優點。」

拆掉原有的舊地板材，從基礎開始蓋。仔細塗上對付白蟻的防蟻劑。

在容易育兒的環境，活出自己想要的生活

2021年第1個孩子出生，山下家又更加熱鬧。美妃說：「我們本來打算回老家，不過希望移居最大的原因是想找個適合孩子長大、與自然親近的環境。這裡離我娘家近，在媽媽和姊姊的幫忙下，現在努力地學習帶孩子。假如沒有家人的幫忙，在東京育兒，精神上應該會很吃力吧。」一向娘家開口後，父母親也因為能夠跟孫兒相處感到很開心。他們表示，這樣的育兒環境心情上相當地輕鬆。

家門前有一塊田，山下夫妻在這裡挑戰種蔬菜。不過因為附近動物多，要種出夠吃的量可能還要一段時間。「除了我家的田，娘家也會

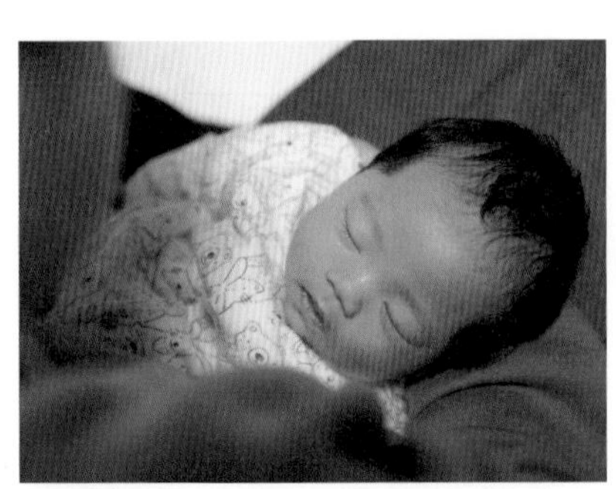
2021年在桃子的產季裡，女兒健康地出生了。咖啡廳暫時歇業，山下夫妻以自己的步調享受育兒之樂。

附有一片廣大的田地，也是決定購買的因素之一。目前一邊整地，一邊慢慢設法驅趕動物。

給我們一些，帶狗去散步時附近鄰居也會分送蔬菜，幾乎每天都可以吃到各種美味的當季蔬菜。還曾經有人拿來一顆好大的哈密瓜，說是要給我們試吃。」

兩人今後的目標是盡量減少對單一東西的依賴程度。例如食材，不要都去超市買，希望至少有4分之1可以自己栽種。「假如發生了不能去超市之類的緊急狀況，自己田裡就有東西吃，為了預防停電，家裡也沒有採用全電化，而是將維持生命所需的能源分散為電力和瓦斯等等。我家雖然是老屋，但只要喊一聲『Alexa』（Amazon的智能家居語音平台），就可以打開電燈。希望能混合現代科技和傳統方法，找出屬於我們的無壓力生活方式。」

山下家的移居 DATABASE

Before After

	移居前		移居後
家庭結構	2人	→	4人（夫妻、兒子、女兒）
住處	出租公寓 兩房兩廳、 約7萬日圓／月	→	老屋（土地面積約600㎡） 兩層樓＋店鋪約150萬日圓 另外花費了100多萬日圓改裝
工作	合夥經營咖啡廳	→	獨立經營咖啡廳

Question

交通條件	需要開車，但是靠公車或計程車也可以勉強維持生活。
公共服務的充實度	瓦斯用液化石油氣。水用的是上水道，下水經過淨化槽排到河裡。到超市或學校開車大約15分鐘。
是否利用支援制度	養父市的老屋翻新支援補助金（150萬日圓）。

鄉間生活的理想境界

住進老屋裡生活

雖然沒有特別定義，但是一般的「老屋」
是指有 50 年以上歷史的房子。
很多人受到老屋與周邊自然環境調和的樸素之美所吸引，決心移居。

以日本傳統工法建造的老屋，有著厚實的梁柱、土間、茅草或者瓦片屋頂、土牆、灰泥等，運用的都是來自日本風土的自然素材。老屋經過時光淬鍊呈現出的特別風情，往往會成為當地的魅力之一。不過在苦於少子化和人口外流至都會區的地方城市，空屋的增加成為一大問題，目前日本全國有55萬間歸類為老屋的空屋。因此翻新老屋積極活用、避免就此被拆毀的計畫更加快執行，國家和地方政府為了協助移居、定居者開設了空屋資料庫，也實施了空屋對策模範事業。NPO法人等也都祭出各種計畫。

老屋對移居者來說當然是深具魅力的物件。無論是租賃或者購買費用都比較便宜，購買時的固定資產稅、不動產取得稅也比較低，有些地方政府還提供補助。木造的房子夏天很涼爽，可以體驗日本獨有的夏日風情。但實際住進老屋也必須有心理準備，氣密性較低，冷暖氣費用偏高，昆蟲較多，衛浴老舊等都是老屋的缺點，可能需要進行一定程度的改裝。

老屋再生計畫的成功範例

老屋住宿　集落丸山

「集落丸山」是帶起「老屋再生」風潮的導火線，在閑靜的農村風景中，讓超過 150 年歷史的老屋於當代重生。這座住宿設施於 2009 年 10 月開業，雖然說是住宿設施，不只是單獨建築，這整個聚落都是可以住宿的設施。從兵庫縣篠山市區開車只要 10 分鐘左右，就會來到這個曾被稱為「極限聚落」的地方，現在只剩下 5 戶人家，其餘都是空屋。其中 2 棟空屋現在已經翻修為住宿設施，可以在整個聚落體驗到懷舊的「日本生活」。「老屋」藏有非常大的潛力。

NPO集落丸山

兵庫縣丹波篠山市丸山 30

079-506-0243　https://maruyama-v.jp/

老屋生活或老屋翻新的相關資訊

日本民宅再生協會	東京都千代田區	推廣老宅的美好，希望能盡量保存，並且透過活用老宅來帶動地區活化。介紹老宅整修的案例、提供整修諮商、老宅資料庫、老建材聯絡網、介紹從事老宅整修的業者等，推動各種活動。	http://www.minka.or.jp
NIPPONIA	東京都新宿區	以「溫古知新，打造日本的生活」為理念，由老屋屋主和行政單位、社造團體、對老屋保存和修復感興趣的許多組織和專家合作，實踐了「集落丸山」等許多老屋重建計畫。	https://team.nipponia.or.jp
Chilchinbito「老屋」會	東京都新宿區	集結老屋翻新工程的工務店和相關業者（設計師、木匠、泥水匠）的組織。介紹多件翻新後重獲新生的老屋案例。	https://www.kominka.life
京町家再生研究會	京都府京都市	為了保存、整修漸漸從京都街頭消失的傳統建築「京町家」，從事各種研究和活動。	http://saisei.kyomachiya.net
NPO 法人尾道空屋再生計畫	廣島縣尾道市	與移居者合作一起翻新尾道的空屋。4 年時間有將近 70 戶都迎接來新的入住者。	http://www.onomichisaisei.com
NPO 法人島之風	沖繩縣伊是名島	正在嘗試重建沖繩民宅，守護伊是名島的風景，並且活用當地民宅作為體驗島嶼生活的住宿設施。	https://www.shimanokaze2.com

人生百年時代！銀髮族的移居

移居實現嚮往的生活

搬到鄉間，享受悠閒……。聽到銀髮族的移居，下意識會聯想到「退休」這兩個字，其實60、70歲的人還很有活力。移居不是退休，或許是人生第2個舞台的開始。

在公司上班來到退休年齡，大約是60歲前後。現在已經進入人生百年的時代，退休後的人生還長得驚人。比方說，這位68歲從東京移居到石川縣七尾市的大和賢先生……

單身移居，但夫妻感情融洽，這是「快樂的分居」！

生在麻布、長在澀谷，大和賢在東京出生長大。歷經不動產公司等幾份工作後，還沒到退休的年齡就離職了。他說，鄉間生活是自己多年來的夢想。「想在地爐生火、掛上鍋子，再來一杯熱清酒。」

為了實現這個夢想，他參加了「能登移居座談」，也因此有機會拜訪了七尾市。「從東京搭北陸新幹線到金澤，七尾在哪裡呢？什麼？距離金澤還要搭1個半小時的七尾線？真是鄉下啊。當時很驚訝呢。」第一次搭乘七尾線，沉浸在1個半小時的在來線火車之旅，終於來到七尾站，參考站前的地圖，徒步走到市公所，對櫃檯人員說：「你好，我想移居到這裡來……。」

市公所的負責人很親切地幫忙，移居的夢想終於一步步落實了。第一步是找房子。他看了幾個出租的物件，但都沒有太滿意。有時發現適合的空屋，屋主卻因為屋裡還祭祀著祖先，不願意出租。

他終於找了命中註定的物件。那

是一座蓋在神社入口旁，有1百多年歷史的氣派老屋。周圍環繞著蒼鬱樹籬，家後方有倉庫跟帶頂棚的車庫。玄關是寬廣的土間，天花板很高，甚至可以在這裡練習高爾夫揮桿。房間有8間。7坪多的客廳裡，裝設了他夢想中的地爐！「設備上雖然有不盡理想的地方，但是我決定先住住看再說。」移居生活終於正式啟動。

「從東京搬到這裡來時，我也邀老婆一起來，但是她對我說：『你自己去就好了吧？』」但是夫婦感情並沒有不好，偶爾還是會來來去去。妻子優子因為「不喜歡蟲」、「不喜歡老房子」等理由，決定繼續在東京生活。所以大和是單身移居，過著獨居生活。

「雖然沒有人會誇讚我，但1個男人要自己生活真的很不容易呢。煮飯、洗衣、打掃，我現在深深體會到妻子的好，可是她決定在東京過喜歡的生活，我也在這裡做喜歡的事。兩個人都過著自己想要的生活，這應該算是幸福的分居吧（笑）。」

融入地方，做自己想做的事

大和現在在家庭購物中心有1份全職工作。「我很多朋友都已經退休了，但我希望自己還有體力時，可以為了社會、為了日本貢獻一份力量。聽起來好像很帥氣，其實也是因為不工作就無法維持生活。」

除了工作以外的時間，他會去附近的田裡幫忙割稻、參加祭典，現在已經完全融入了當地的生活中。另外他原本就喜歡蕎麥麵，以前還曾經在「江戶東京蕎麥麵會」上研習過。他在當地的社群中心主辦了手打蕎麥麵教室。

另外，他也實現了1個夢想。67歲時，他取得了小型船舶執照，也買了一艘小船，長3.5公尺、3人座。「之後還得塗油漆、添購設備，離能出海還有很久，出海之後躺在船上晒太陽，一定很舒服吧。我現在就已經開始期待了。」

大和賢 72歲
現居石川縣七尾市

CHAPTER 4

Database of Local Government

支援制度資料庫

日本的少子高齡化日益嚴重，因此地方非常歡迎年輕世代移居！紛紛準備了各種令人驚訝、完善的特別支援制度。

空屋資料庫
體驗試住
創業支援
生產祝賀金
衛星辦公室
名產贈禮
租金補助
就職獎勵金

充分活用各式支援制度

中央政府、地方單位或NPO組織提供了多樣的移居支援制度，對移居者來說都是強而有力的幫助，別忘了確認有哪些支援制度。

國家的移居支援，首先有「移居補助款」。「移居補助款」的對象是移居之前的10年中，共計5年以上居住在東京圈*、在東京23區工作的人。如果要移居、就業，創造新的就業機會等，有助於地方活化的新社會事業，皆可申請。想持續移居前的工作，以遠距模式工作也是補助對象。給付金額最高為100萬日圓。

如果要在地方創業，也可以活用「創業補助款」。「創業補助款」是以在東京圈外的地方、開創新社會事業的人為對象，金額最高為200萬日圓。可與「移居補助款」併用。

但這些補助款是由國家跟都道府縣、市町村共同分擔，是否實施必須先向各地方政府確認。

此外，也別漏了地方政府自行提供的支援制度。有針對「居住」、「工作」、「育兒」、「體驗移居」等項目提供各種支援和特別的制度，不妨從中找出最適合自己的協助方案。

以來自東京圈之移居者為對象！

移居補助款

最高100萬日圓

2人以上的家庭：100萬日圓
單身：60萬日圓

以在地方開創新社會事業者為對象！

創業補助款

最高200萬日圓

創業相關經費的1/2
最高200萬日圓

日本內閣官房、內閣府綜合網站「地方創生」
https://www.chisou.go.jp/sousei/

＊東京圈係指包含東京都、埼玉縣、千葉縣、神奈川縣（不含部份條件不利地區）之區域。

居住篇

少了這一步就無法開始

決定要移居後，得先找住處。有些地區獨棟房屋多，但出租的房子少等等，居住環境各地皆不同，首先別忘了去地方政府的窗口確認各種居住條件。

地方政府的支援主要有空屋物件的介紹、補助改裝費用、補助房租、補助獨棟房屋新建或購屋費用等。有些地方政府會改修地方上的空屋為立刻可入住的房源，出租給移居者。

根據移居者的年齡和家庭結構，有很多地方政府會在基本補助金上再追加補助，建議可詳細詢問自己是否符合補助對象。

主要支援制度CHECK！

減輕每個月的負擔

☑ 房租補助

可在一定期間內接受每個月的房租補助。
金額和補助期間各地方政府皆不同。

ex. **最長5年、最高提供180萬日圓的房租補助**

北海道三笠市 → page. 200

或許能遇見寶藏物件！

☑ 空屋資料庫

地方政府會在官網上
公開當地的空屋資訊。

ex. **透過年輕人專用的空屋資料庫優先介紹屋源**

東京都奧多摩町 → page. 206

假如想自建房屋

☑ 購屋補助金

以定居為目的新建或購買新居時，
可以獲得補助。

ex. **返鄉、下鄉者取得住宅時，最高可獲得400萬日圓**

岩手縣葛卷町 → page. 201

租用宅地一定期間內

☑ 無償讓渡

在一定期間內將宅地出租給移居者。
期間內若在該處興建住宅，可獲得宅地之無償讓渡。

ex. **不僅可享宅地的無償讓渡，還可能獲得100萬日圓補助**

茨城縣常陸太田市 → page. 204

工作篇

在工作中找到自我

在移居地點從事什麼工作，也是一大重點。如果想找當地的求才資訊，可以到公共職業安定所或者地方政府的窗口諮商。地方政府提供的工作支援範圍廣泛，除了就職獎勵金之外，針對想從事農林水產業的人還會提供研習或資金補助，對於想創業的人也會提供免費諮商跟創業經費的補助。

另外在傳統產業興盛的地區，對於有志成為匠師的人也提供相關支援。針對遠距工作和自由工作者，建議可以活用地方政府所提供的衛星辦公室或共享空間。

主要支援制度CHECK！

幫助進入在地企業就職

☑ 就職獎勵金

對於到在地企業就職的移居者提供獎勵金。

ex. **發給在市內企業就職者最高30萬日圓的獎勵金**

德島縣三好市 → page. 218

沒有經驗也能獨當一面

☑ 農林水產業就業支援

提供研習課程，協助有志從事農、漁、林者。
部分地方政府會提供獨立後相關經費的補助。

ex. **筑後川流經的豐饒大地，支援獨立的新農戶**

福岡縣久留米市 → page. 220

針對希望成為地方新創者

☑ 創業支援

在地方政府或者商工會議所的窗口，可以提供商業計畫或事業計畫的綜合協助，以及創業後的經營諮商。

ex. **從商業競賽中誕生了24間企業**

島根縣江津市 → page. 216

何時何地都可自由工作

☑ 衛星辦公室、共享空間

能夠以合理費用使用配備有線網路跟高速Wi-Fi、通訊環境完備的辦公室。有些地方還提供住宿，甚至完全免費。

ex. **最長3個月！使用費用免費的衛星辦公室**

青森縣三戶町 → page. 201

育兒篇

提供地區特有的安心後盾

很多人都覺得可以在自然豐富的地方育兒、待托育兒童比都會區少等等，良好的育兒環境是移居地方的優點之一。在少子高齡化現象嚴重的地區，地方政府很歡迎闔家移居，也積極推出育兒支援政策。例如從第一個孩子開始給付的生產祝賀金、幼兒園免費、中學到高中畢業的醫療費負擔免費等等，支持育兒世代的經濟。有些地方提供的獨特教育環境也值得注意。例如透過親子一起移居農村或漁村的山村留學制度，可以體驗到都市沒有的農、漁業生活等。

主要支援制度CHECK！

多子家庭補助也多多

☑ 生產祝賀金

支付給生產後繼續住在該市町村的家庭。
有些地方政府從第1個孩子開始就給付高額祝賀金。

ex. **從第1個孩子開始，提供總額30萬日圓的育兒加油補助款**

宮城縣七宿町 → page. 202

傷病的協助

☑ 兒童的醫療費補助

有些地方政府到國、高中畢業為止，提供免費的兒童醫療服務。

ex. **0～18歲的醫療免費**

福島縣 → page. 203

在大自然中健康成長

☑ 山村留學制度

以小中學生和其家長為對象。親子一起到農村漁村留學，前往當地學校，一邊體驗農漁業，參加當地活動。

ex. **讓離島成為故鄉，為期1年的親子留學**

佐賀縣唐津市 → page. 220

市町村特有的

☑ 育兒補助款

有些地方政府推出獨特的方案，
對於育兒家庭持續給付補助。

ex. **透過獨特的育兒補貼金來替育兒家庭加油**

福井縣池田町 → page. 209

試住篇

沒有親身體驗很難真正了解

前往移居候選地時，可以事先了解當地是否提供試住支援方案。假如只想短住幾天觀察當地狀況，利用地方政府的移居體驗住宅最方便。這些設施通常都有完善的設備，1個晚上只需要幾千日圓就可入住，從幾週到1個月左右的中、長期試住，也可以用極便宜的費用利用這些住宅。對老屋有興趣的人，建議可以嘗試老屋翻新的體驗設施。部分地方政府還會搭配試住者的期望，設計出量身訂做的參訪行程，不妨多加利用。另外還有些地方提供可以跟當地人、志工以及農家一起體驗農業等的行程。

主要支援制度CHECK！

輕鬆嘗試地方生活

☑ 移居體驗住宅

很多地方政府都提供移居希望者體驗住宅。除了住宿所需的設備和家電之外，利用期間從短期到長期，有各式各樣的選擇。有些地方若是在一定期間之內，還可以免費利用。部分地方政府會指派移居窗口負責人專門介紹當地生活，還可以體驗購物和交通等等生活環境。

農業體驗

☑ 社區農圃

社區農圃是指附有農地的住宿設施。可以在當地農家的教導下，學習如何照料田地和收成等農業體驗。

ex. **體驗農業生活的2個社區農圃**

山口縣宇部市 → page. 217

嚮往的鄉間生活

☑ 老屋體驗

可以在已經完成翻新的老屋裡體驗移居。

ex. **在有清流流過、縣內唯一的村子裡體驗鄉村生活**

埼玉縣東秩父村 → page. 205

靠觀光無法嘗試的體驗

☑ 志工或打工度假

跟當地人一起從事志工或者幫忙農務等，有各種體驗方案。

ex. **協助農務或店面工作等，換取免費住宿的志工體驗**

鳥取縣湯梨濱町 → page. 215

主要支援制度CHECK！

其他篇

還有許多地方特有的支援方案

許多地方準備了反映出地區課題和當地特色的各種支援方案，比方說針對通勤到縣外的交通費補助，即使不換工作也有可能實現移居夢，或者是為了鼓勵夫婦移居，提供結婚定居獎勵金等等。

還有些地方政府為了促進返鄉，針對從都會區回到地方的人給予獎勵金。比較特別的支援制度，例如針對成為當地粉絲的女性提供補助、提供藝術家移居支援等等。也有地方政府會提供移居者當地特產，可說是五花八門。

提供往都會區通勤的協助

☑ 補助通勤交通費

補助部分新幹線定期券或汽車通勤的部分費用。

ex. 新幹線定期券最高36萬日圓！可以安心坐著通勤

櫪木縣小山市 → page. 204

結婚移居十分划算！

☑ 結婚定居獎勵金

如果是結婚家庭移居，將會給付獎勵金，
支援新生活的開始。

ex. 大台原等包圍在群山之間的村落提供結婚定居獎勵金

奈良縣上北山村 → page. 214

當地女子粉絲，集合！

☑ 女性限定補助款

以第1次移居地方的女性為對象，
在一定期間內補助搬家費用和房租。

ex. 歡迎女性移居者！補助房租和搬家費用

山口縣萩市 → page. 217

特別的支援方案廣受注目

☑ 贈送名產

贈送移居者當地特產。除了白米和使用當地食材的味噌、醬油之外，有些地方甚至還會直接送一頭牛。

ex. 送給移居村中的人一頭小牛

鹿兒島縣三島村 → page. 223

日本全國有幫助的支援制度CHECK

TOPICS

SUPPORT SYSTEM DATABASE

地方政府在居住、工作、育兒還有試住計畫等各方面，都提供了移居支援。以下將在47都道府縣中，各介紹2個有提供充實或特殊支援方案的地方單位。

※詳細制度請洽詢各地方政府。

其他

01 北海道

HOKKAIDO

便宜的住宅費用是北海道的一大魅力。1 個月房租平均 41,715 日圓，約為東京都的一半。夏天宜人舒適，不過冬天的水電費、燈油費高，跟東京 23 區相比札幌市要多出至少 10 萬日圓。

來北海道生活！ https://www.kuraso-hokkaido.com/

最長 5 年、最高 180 萬日圓的房租補助

三笠市

在「最想居住的鄉下地方排行榜」中，名列北海道區域綜合排行榜第3名（寶島社《鄉間生活之書》，2021年版）。提供移居者豐厚支援，以「三笠共通商品券」補助移居者部分房租負擔。對象為夫婦皆未滿40歲（或家有還未上中學的兒童）之年輕家庭，以及未滿40歲、為勞動人口的單身者。年輕家庭可接受最長5年、每月上限3萬日圓（共計180萬日圓）之補助。單身者最長3年間、每月上限2萬日圓。另外如移居者新建住宅，還可申請最高補助150萬日圓建設費用的「新建住宅建設費用補助金」。

○建設課住宅科　☎ 01267-2-3998

養牛補助 150 萬日圓 酪農王國的豐厚從農支援

別海町

以酪農為主要產業，相對於約1萬5千人的人口，這裡飼養的乳用牛有10萬頭以上。除了給付新從農者每戶300萬日圓的從農獎勵金之外，還可接受每戶上限150萬日圓的養牛補助。可以在酪農研習牧場領取研習津貼（每月18萬8千9百日圓），接受為期3年的研習。對象為未滿40歲的夫婦或有伴侶者，或者18歲以上未滿30歲的單身者。

○農政課
☎ 0153-75-2111

02 青森 AOMORI

待托育兒童人數零，每 1 疊（譯注：約相當於半坪多）房租 1,882 日圓，為日本全國最低廉。不過青森市的水電費及燈油費年度支出高於札幌市為 41 萬 8,126 日圓，居全國之冠。

青森生活 https://www.aomori-life.jp/index.html

徒步圈內就有主要設施 購買住宅用地可享半價補助

東通村

在這個位於下北半島東北部，有津輕海峽的干貝和太平洋的北魷等特產的村子裡，「瞳之里住宅團地」正在出售住宅用地。村公所、幼兒園、小中學、診所都徒步可至。以居住為目的購買土地的個人，可享最高土地購買金額之一半的補助金。一個區段約122坪起，標準每坪單價為2萬9千5百日圓。還可以裝設高速寬頻。

〇企画課
☎ 0175-27-2111

最長 3 個月！ 可免費使用的衛星辦公室

三戶町

使用費、電費全免，最長可使用3個月，可住宿的衛星辦公室試用方案。3房2廳的獨棟房屋，辦公空間備有Wi-Fi、印表機、掃描器。也有廚房、乾濕分離的浴室。

〇地區營造推動課 ☎ 0179-20-1117

公共澡堂數全國第一 最幸福的公共澡堂溫泉縣

每10萬人口的公共澡堂數為23.7間，位居全國第一。全國平均為2.9間，可見此數字之高。市區也有溫泉湧出，因此開設了許多利用溫泉、可以享受各種不同泉質的公共澡堂。縣民為了方便隨時都能上公共澡堂，車裡往往都會放有盥洗用具。

03 岩手 IWATE

復興道路開通之後，宮古到盛岡、釜石到花卷之間的交通更加便利。除了生活方便之外，2021 年度住在縣外者如果在岩手就職，最高可獲得 1 萬日圓的交通費補助，提供更加充實的支援。

加入宜和多部！ https://iju.pref.iwate.jp/

徵求全國的志願者 免費的程式學校

八幡平市

不需要事前知識，參加費免費，為期1個月的短期密集程式學校「斯巴達營」，每年都會在市內舉辦數次。自2015年首次舉辦以來，總共有270多名學員。在營隊期間可免費住宿舍。會場「八幡平市創業家支援中心」也是創業家共聚的共享辦公室，符合條件者可享5年免費使用。

〇創業志民 Project
https://www.kigyoshimin.com/

返鄉、下鄉者取得住處 最高補助 400 萬日圓

葛卷町

提供返鄉、下鄉的家庭取得住處時最高400萬日圓的補助。如為新建房屋，除了基本額的上限200萬日圓，合計年齡未滿60歲的夫婦可再補助50萬日圓、未滿18歲的兒童每人可再補助50萬日圓（上限3人）

〇歡迎到葛卷推動課 ☎ 0195-66-2111

從縣外替岩手加油的「遠戀複業課」

媒合需要人才的縣內企業，和想要活用技能的縣外人才，岩手縣特有的制度。以遠距離戀愛的關係為喻，命名為「遠戀複業課」。2020年度共成立25件媒合案。

〇鄉土振興部地區振興室 ☎ 019-629-5184

MIYAGI

東北地方中積雪量最少，較適合生活。東北新幹線南北貫穿全縣，縣內交通方便，使用高速公路移動到鄰縣也很方便。

宮城移居指南 https://miyagi-ijuguide.jp/

第 1 個孩子起可獲得總額 30 萬日圓的育兒補助款

七宿町

針對居住1年以上的人給付育兒補助款。總額為第1個孩子30萬日圓、第2個孩子50萬日圓、第3個孩子以後為70萬日圓：第1個孩子出生時給付10萬日圓、第2個孩子15萬日圓、第3個孩子以後為20萬日圓；進入中小學就讀時第1個孩子給付5萬日圓、第2個孩子10萬日圓、第3個孩子以後15萬日圓；高中入學時第1個孩子給付10萬日圓、第2個孩子15萬日圓、第3個孩子以後20萬日圓。

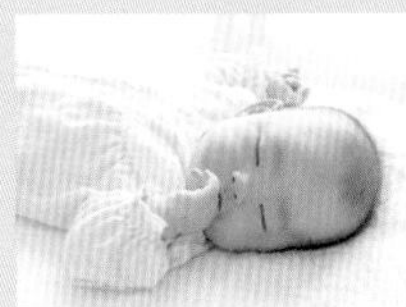

○町民税務課
☎ 0224-37-2114

每月補助 40 歲以下的夫婦或育兒家庭的房租最高 2 萬日圓補助

大崎市

從仙台市開車1小時，西部有鳴子溫泉鄉，若空屋符合計畫對象，可享有房租補助。對象為來自市外的移居者，且夫婦其中之一、或兩人皆為40歲以下，或者家有18歲以下兒童的育兒家庭。最長給付3年、每月最高2萬日圓。不過條件為入住後至少居住5年以上。

○建築住宅課
☎ 0229-23-2108

AKITA

每天通學、通勤時間比日本全國平均少 20 多分鐘，單程不到 30 分鐘。自用住宅房家大小平均約 28 坪多，僅次於富山縣，為全國第二寬敞，比東京都多了約 8 坪。

「秋田生活」的第一步 https://www.a-iju.jp/

最高花 5 百萬日圓改裝住處

八峰町

可以租用政府已經改裝完成的空屋。由町政府租用空屋，花費最高5百萬日圓進行廚房、浴室、廁所等水電、隔熱工程。房租依照裝修程度而異，每月2萬5千日圓到3萬5千日圓不等。未達150萬日圓的改裝為每月2萬5千日圓，350萬日圓以上則為每月3萬5千日圓。

○企劃財政課
☎ 0185-76-4603

支持在地新創的共享辦公室

五城目町

在這個以「全世界最適合育兒的城市」為口號的小鎮，一般社團法人「在地冒險家」翻新廢校改建為共享辦公室「BABAME BASE」，在此進行移居、創業的諮商，為有夢想實現的人提供幫助。

○BABAME BASE https://babame.net

往岩手GO！划算的「緣份」App

下載「秋田GO!EN App」，參加就業博覽會等活動，就可以根據所獲得的點數享受優惠。從美容院、KTV到購買新車、婚禮費用的折扣等等，應有盡有。

○秋田GO!EN App
https://kocchake.com/pages/recruit-apply

YAMAGATA

生產、育兒期（25～39歲）的女性就業率超過8成，待托育兒童數也極低，非常適合職業女性的環境。因應來自縣外希望移居者的期望，由縣提供向不動產單位詢問房屋物件等協助。

山形生活資訊館 https://yamagata-iju.jp/

歡迎育兒家庭的移居！連續3年提供獎勵金

遊佐町

從0歲到中學，兒童每人每月可獲得1萬日圓的獎勵金，共提供3年。以住在町外5年以上的移居者為對象，條件為持續居住於本地5年以上。

○健康福祉課 ☎ 0234-72-5897

贈送白米、味噌、醬油給移居者

三十市町村以在官方諮商窗口諮商移居事宜者為對象，贈送給移居者1年份的米、味噌、醬油。單身者可領白米40公斤、醬油味噌各2公升，兩人以上的家庭為白米60公斤、醬油味噌各3公升。

○山形縣故鄉山形移居、定居推動課
☎ 023-630-3407

以培育農業「經營者」為目標的產官學合作學校

鶴岡市

2020年開校。擁有東北第三農業生產額的傲人成績，「庄內毛豆」等當地蔬菜也很豐富的山形縣鶴岡市，可以有2年學習有機農業等永續農業經營的機會。入學金免費，學費每年12萬日圓。研習期間中每月可以1萬日圓入住附設宿舍。透過課堂講座和到合作農家實習，即使沒有務農經驗也可以從基礎學起。員工有熟知當地農業狀況或栽培技術的資深老手，也有返鄉、下鄉移居的年輕人，由行政、農會、教育機構、民間企業攜手合作，提供從農準備到從農後經營穩定化的全盤協助。

○鶴岡市立農業經營者育成學校SEADS https://tsuruoka-seads.com/

FUKUSHIMA

搭乘東北新幹線從東京出發僅約90分鐘即可到達，可以維持原有工作實現移居夢想。同時也大力支援遠距工作移居。全市町村的兒童醫療到18歲皆免費，提供充實的育兒支援。

福島生活 https://www.pref.fukushima.lg.jp/site/fui/

在雪板聖地從事南鄉番茄的從農支援

南會津町

有越來越多到來南鄉滑雪場的滑雪客在此從農，夏天栽培番茄、冬天在滑雪場工作。針對夫婦或親戚中有2人以上希望從農者，當地提供1～2年的研習生制度，在資深農家教導下學習栽培番茄實務知識。研習期間每人每月可領15萬日圓的補助金。從農後還可以接受指導班的巡迴指導。

○農林課農政科
☎ 0241-62-6220

實現自有住宅的夢想 最高4百萬日圓的補助金

喜多方市

針對來自會津地區之外的移居、新建住宅者提供補助金。未滿40歲的基本補助額為1百萬日圓。有配偶或兒童可加算，最高可領取4百萬日圓。

○企劃政策部地區振興課 ☎ 0241-24-5306

任職縣外企業遠距工作 最高提供30萬日圓補助

從住宿1晚到3個月，在縣內遠距工作者最高可補助30萬日圓。針對縣外企業以及在該企業工作的正職員工和自由工作者，提供住宿費、交通費、共享空間使用費用、租車費用等補助。

○福島縣地區振興課 ☎ 024-521-8023

IBARAKI

從東京到水戶之間，搭 JR 常磐線約 74 分鐘，從秋葉原到筑波搭筑波特急約 45 分鐘，跟首都圈之間的交通網路良好。另外這裡的農產額為全國頂尖水準，充滿全方位的生活魅力。

Re:BARAKI　https://iju-ibaraki.jp/

免費取得住宅用地，還能獲得百萬日圓補助金

常陸太田市

位於縣的東北方，距離縣廳所在地水戶市約20公里。針對來自市外的移居者，免費出租北部自然豐沛的里美地區「里美白幡台住宅區的一部分」2年。2年內如果在當地建設新居並遷入戶籍，可免費獲得土地。還可獲取轉籍補助金1百萬日圓，以及徒步可至的溫泉設施使用券。

○少子化、人口減少對策課　☎ 0294-72-3111

支持笠間陶藝家的創作活動

笠間市

支援創作傳統工藝品笠間燒的陶藝家。開始在市內從事笠間燒創作者，購買建築物和土地，以及窯或轆轤等費用，還有工房等修繕費用，最高可獲得50萬日圓補助。

○商工課　☎ 0296-77-1101

觀光或工作皆可運用的故鄉縣民制度

縣外居住者如果登錄為「茨城故鄉縣民」，當因觀光或工作等來到茨城縣時，可享受許多優惠服務，優惠設施有1百處以上，可享餐飲店、溫泉設施、租車費用的折扣或優惠服務。

○茨城故鄉縣民制度　https://iju-ibaraki.jp/kenmin/

TOCHIGI

由於縣內有汽車工廠，2017 年的「平均每人之縣民所得」僅次於東京和愛知，位居日本第三。自然災害風險僅次於鳥取，為日本全國第二低（自然災害之風險指標 GNS 2017 年度）。

莓多多櫪木　https://www.tochigi-iju.jp/

使用特產木材的房屋最高可獲 3 百萬日圓補助

那珂川町

町的中央有香魚逆流而上的清流──那珂川。縣內八溝地區採伐的木材稱為八溝材，因其木紋美麗且堅硬而知名，使用這種木材的新建住宅，最高可獲得30萬日圓的補助金。另外每位移居者可以獲得1百萬日圓、18歲以下之兒童每人30萬日圓（上限4人），如果委託町內建築業者施工，再加50萬日圓，最高可以獲得3百萬日圓的補助金。

○產業振興課
☎ 0287-92-1113

新幹線定期券最高可獲得 36 萬日圓！通勤保證有座位

小山市

給付前往東京、埼玉、千葉、神奈川的通勤定期券費用。以東北及東海道新幹線區間為對象，每月最高1萬日圓（最長3年）。補助對象為社會新鮮人或移居者、40歲以下或者家有15歲以下兒童者。

○城市宣傳課　☎ 0285-22-9376

提供訂婚、新婚夫妻2年之優惠服務

縣提供櫪木結婚加油卡「櫪婚卡」，最長2年期間可獲得茨城、櫪木、群馬之合作店鋪的優惠服務。提供對象為其中1人居住在縣內或者通學、通勤至縣內，新婚或者結婚2年以內的夫妻。

○櫪婚卡 https://www.tochigi-mirai.jp/tochimari/

⑩ 群馬 GUNMA

搭乘新幹線可到東京市中心，物價僅次於宮崎縣、鹿兒島縣，為日本全國第三便宜。每月房租大約為東京的一半，可以大幅減少生活費。縣內還有草津溫泉等溫泉區。

初見、生活，群馬日日 https://gunmagurashi.pref.gunma.jp/

從生產到中學畢業，提供豐厚的育兒支援

嬬戀村

包圍在標高2千公尺級的群山之間，知名的高原、高麗菜產地，村子從經濟上提供育兒世代全面支持。第1和第2個孩子各可獲得5萬日圓的出產祝賀金，第3個孩子為10萬日圓，第4個孩子以後為15萬日圓（條件為父母之一必須住在村中6個月以上）。從第1個孩子開始托育費即免費，營養午餐從托兒所、幼兒園到中學校都免費。

○健康福祉課
☎ 0279-96-0512

提供新設工房補助金，為創作者加油

桐生市

在市內新開設工房者，可以享有房租或者改裝費用的補助。條件為必須開放纖維製品、玻璃工藝、木竹工藝、陶藝或者金工的工房大門，提供製作體驗或者銷售作品。可以獲得最長2年、每月最高2萬日圓的房租補助。建築物的改裝費用最高補助40萬日圓，如果是移居者多給付5萬日圓。在過去生產絹織品的鋸齒屋頂工廠開設工房，再多加給付5萬日圓。

○產業經濟部商工振興課 ☎ 0277-46-1111

⑪ 埼玉 SAITAMA

高速公路網發達，無論到東京或者到首都圈以外的郊區都非常方便。在來線可輕鬆往都內通學、通勤，埼玉市 2018 年的淨轉入人口增加了 9,345 人。

宜居首選就是埼玉！ https://www.pref.saitama.lg.jp/a0106/sumunarasaitama/

有清流流過，在縣內唯一的村裡體驗鄉間生活

東秩父村

從東京都心搭車約90分鐘，村子有8成都是山林。可以在翻修80年歷史的兩層樓老屋MuLife設施中體驗移居。這裡有Wi-Fi、家電、廚具，最多可容5人住宿。費用每戶1週之內1天1萬日圓，第8天起為1天2萬日圓（水電費、寢具租金另計）。家門前的槻川可以戲水、釣魚，還可以在院子裡烤肉。

○企劃財政課
☎ 0493-82-1254

地方和民間攜手，推動先進教育

戶田市

市民平均年齡為41.4歲，為縣內最年輕的市，育兒家庭也多，自2018年度起，在小學、中學推動目前廣受世界注目的未來學習趨勢：主題導向式學習。課程中兒童必須運用在各教科中所學的知識，解決地方的問題。例如邀請町會長來，聆聽當地的問題，分組討論解決方法後，向地區居民提案。另外在中學的社團活動中，每週有3次會邀請外部各領域的專家，協助設計練習菜單或者提供隊員技術指導等等，提升競技品質。

○戶田市役所 ☎ 048-441-1800

⑫ 千葉 CHIBA

松戶或船橋到東京搭電車大約 25 分鐘，屬於可通勤的區域。面對太平洋的九十九里和南房總一帶海上活動深受歡迎，還有豐富的水產，深具個性的地方性是這裡最大的魅力。

千葉生活資訊網站 https://www.pref.chiba.lg.jp/seisaku/ijuteiju-chiba/portal/index.html

設有共享工房的共享空間

佐倉市

從京成百合丘站徒步3分鐘的「CO-LABO SAKURA」。除了共享空間、共享辦公室之外，還有可使用雷射加工機和電鑽的共享工房。在共享空間中可免費使用Wi-Fi，共享辦公室裡可使用免費Wi-Fi和有線LAN。費用方面共享空間每小時3百日圓，每月3千3百日圓起，共享辦公室每月3萬5千日圓起。

○CO-LABO SAKURA https://www.co-labo.shiteikanri-sakura.jp/

兒童返鄉提供父母親補助款

榮町

位於千葉縣北部中央、利根川和印旛沼流域的榮町有著豐富的自然環境，如果返鄉者與父母親同居、住在附近，父母親可以獲得補助款。條件為返鄉者曾在町外居住1年以上，且將長期與父母親同居或者住在町內。金額根據返鄉者之家庭結構（有無配偶者或者中學以下兒童）而異，從8萬日圓到最高30萬日圓。

○地區營造課 ☎ 0476-33-7719

⑬ 東京 TOKYO

在 23 區以外分為多摩地區和島嶼地區，多摩地區的立川市、八王子市等東部作為衛星市鎮，通往中心區域的交通網十分發達。島嶼地區最近的伊豆大島搭乘高速船大約 1 小時 45 分可達，適合作為週末移居的地點。

可以免費去澳洲寄宿家庭

檜原村

除了島嶼地區以外，東京都內唯一的村提供特別的育兒支援。第1個孩子的出產祝賀金為5萬日圓、第2個孩子10萬日圓、第3個孩子20萬日圓。中學2年級所有有意願者皆可前往澳洲體驗寄宿家庭，全費用由村負擔。

深受年輕移居者歡迎、種滿山茶的利島

位於東京南邊約140公里的利島，人口約3百人，其中20～40世代約84%都是移居者（2020年1月）。特產山茶油相關產業興盛，用於頭髮或者皮膚護理等的山茶油，從果實的收成到產品包裝都在島內進行。

○利島村 http://www.toshimamura.org/

年輕人專用的空屋資料庫，可獲得物件的優先介紹

奧多摩町

從都心搭乘電車2小時、吸引許多登山客的奧多摩町針對年輕家庭在「年輕人用空屋資料庫」上公開介紹屋源，對象為45歲以下的夫婦、50歲以下家有中學以下兒童的家庭，或者35歲以下的單身者。另外還有最高能補助購買、修繕房屋費用220萬日圓的制度，對象為45歲以下夫婦、家有未滿18歲兒童的家庭，或者35歲以下單身者。

○年輕人定居推動課 ☎ 0428-83-2310

⑭ 神奈川 KANAGAWA

離開橫濱、川崎等都會區，在神奈川還有熱門的觀光度假勝地三浦半島、面對相模灣的湘南、有相模川和里山的相模，以及在丹澤山地和箱根山包圍下的溫泉區足柄等等，各具特色的區域。

神奈川縣移居、定居網站 https://www.pref.kanagawa.jp/menu/6/33/167/index.html

提供以程式走向世界的中高生免費講座

橫須賀市

2019年以中、高中生為對象的程式學校「橫須賀程式『夢想』講座」開課。通過重重篩選的講座學員，可以參加學習如何架構網站、開發遊戲的課程，還能學會開發原創應用程式，並且挑戰外部程式比賽。學費免費，由在職專家親自教導，並提供參觀IT企業等特別課程。

○橫須賀市經營企劃部企劃調整課
☎ 046-822-8221

在溫泉町體驗共享空間以及短期試住

箱根町

距離首都圈交通方便的知名溫泉區箱根町，有提供體驗試住的老屋。設置了Wi-Fi跟印表機，可作為共享空間使用。移居支援團體「箱根『住』義」提供各種協助，除了介紹當地環境和舉辦移居前輩交流會，也提供找屋的諮商。須繳納簽約事務手續費2萬日圓及參加保證費1萬日圓。

○企劃觀光部企劃課
☎ 0460-85-9560

⑮ 新潟 NIIGATA

知名稻米產地，還有日本海的豐富水產。2020 年 47 都道府縣的生活意識調查中，在「以美食自豪」和「以美酒自豪」這兩項中奪冠。北陸上越新幹線開通後，與首都圈之間的交通更加方便。

新潟生活 https://niigatakurashi.com/

可跟當地人交流的週末農業體驗

村上市

包圍在大海與山林之間的山北地區，提供週末兩天一夜體驗農務跟自然的「百姓試試看小隊」。在8～10月期間，可以體驗在火田內種植特產紅蕪菁的傳統培育法以及疏伐等林業體驗。

○山北支所地區振興課　☎ 0254-77-3111

女性的移居指南「新潟時光」

介紹移居女性約1百人心聲的指南「新潟時光」。公開關於居住、工作、育兒等經驗談，還有支出模擬等相當實際的資訊。還經營了「續．新潟時光」的IG帳號。

○https://www.pref.niigata.lg.jp/sec/shigototeijyu/201912niigatajikan.html

在海山之間體驗自然的佐渡島親子留學

佐渡市

從新潟港搭船約1小時可達的佐渡島，提供親子留學的「松崎留學」計畫。以小學1年級到中學3年級學生及其家長為對象。可一邊在松崎中小學校上課，一邊嘗試遠泳挑戰、林業體驗。還能跟以佐渡為據點活動的太鼓藝能集團「鼓童」研習生進行交流。費用為小學生每月5千8百日圓起，中學生6千6百日圓起（家長會會費另計）。

○松崎中小學
☎ 0259-67-2151

⑯ 富山 TOYAMA

周圍有 3 千公尺級的立山連峰和富山灣環繞，住家面積為日本全國最寬敞，近 30 坪左右。可以在自然豐富的地方享受寬敞的住家環境。縣廳所在地富山市到縣內各地開車約 1 小時半，移動方便。

嚮住國、富山　https://toyama-teiju.jp/

三代皆開心的「帶孫」支援制度

立山町

以立山黑部阿爾卑斯山脈路線沿線、室堂周邊冰雪大谷景觀聞名的立山町，為了減輕育兒世代的負擔，正在推動三代同堂。在規定時間內，代替上班的父母親在家中帶孫子的祖父母，可以獲得「鼓勵帶孫補助金」。條件為祖父母、父母、兒童皆為町民，並且持續照顧沒有上托兒所等的0～2歲孫兒（到3歲生日月為止）達3個月以上者。每月給付金額若祖父母與同居的兒童是0歲為6萬日圓、1歲兒為4萬日圓、2歲兒為2萬日圓。祖父母不同住則金額減半。

○健康福祉課　☎ 076-462-9955

輕鬆到縣外通學、通勤補助新幹線交通費

黑部市

有著美麗黑部峽谷的本市，針對搭乘新幹線到縣外通學、通勤的人給予補助款。住在市內從黑部宇奈月溫泉車站搭乘北陸新幹線通學，每月定額2萬日圓（高中生除外），通勤每月以1萬5千日圓為上限。

○黑部市都市計畫課　☎ 0765-54-2647

補助移居者的鐵道、巴士、飛機等費用

縣對於考慮移居的縣外人士，提供上限1萬日圓至富山縣內的來回交通費（1年度僅限1次）。如果參加地方政府的移居體驗行程或者拜訪移居前輩、當地企業、找住處等皆可申請。

⑰ 石川 ISHIKAWA

25 ～ 44 歲女性就業率超過 8 成，0 待托育兒童，提供完善的女性工作環境。在金澤市、加賀市、能美市等縣內各地皆致力於傳承傳統工藝，設有研習設施，也對職人提供充分支援。

石川生活資訊廣場　https://iju.ishikawa.jp/

實現創業夢想 官民一體的支援方案

七尾市

由於市內業者減少，於2014年開設了「七尾創業加油四重奏」，同時也協助移居創業，目前為止總共累計諮商217件、開業97件，其中來自縣外的諮商有46件、開業有18件。

○七尾商工會議所　☎ 0767-54-8888

以成為九谷燒或山中漆器等匠師為目標

石川有可以學到許多傳統工藝的知識和技術的研習所。例如石川縣立九谷燒技術研習所（能美市）、日本全國唯一可以學到「旋盤木藝轆轤技術」和「漆藝技術」的石川縣旋盤木藝轆轤技術研習所（加賀市）、石川縣立輪島漆藝技術研習所（輪島市）等。

協助農家民宿和農家餐廳的開業、經營

石川縣

設有「樂活慢遊支援窗口」，針對縣內農家民宿以及積極運用當地食材的咖啡廳或農家餐廳等進行開業、經營的協助。支援開業諮商、當地參訪、尋找屋源等。也會介紹補助或融資制度。開業之後針對如何穩定經營等問題，也可以獲得派遣顧問的協助。

○農林水產部
里山振興室
☎ 076-225-1629

⑱ 福井 FUKUI

2020 年全國 47 都道府縣幸福度排行榜的綜合冠軍。在工作領域上正職員工比例高，年輕人的失業率低，在教育領域上兒童學力、體力皆名列前茅，深受肯定。

福井移居導覽 https://www.fukui-ijunavi.jp/

培養專精創作的傳統工藝職人培育課程

福井縣

本縣有專門培養傳統工藝職人的課程，進行越前漆器、越前和紙、越前鍛錘刀具、越前燒、越前櫥櫃的實習。分為長期（1年以上）和短期（2個月以內）2種課程，學費免費。原則上接受40歲以下的人申請。每種工藝品的實習會在各產地事業所進行，可獲得研習津貼和房租補助等。

○產業技術課
☎ 0776-20-0378

特有的育兒津貼，替育兒家庭加油

池田町

家中有未滿3歲的兒童，可獲得「媽媽加油津貼」。除了每月2萬日圓的池田加油券之外，每名兒童每個月還可以加計1萬日圓。家中如有0歲、1歲、2歲兒童，共可領取加油券2萬日圓和加計的3萬日圓。

○保健福祉課 ☎ 0778-44-8000

1年就能出道當海女！

福井水產學校總共提供漁船漁業、海女、養殖3種課程。期間為1年（養殖課程最長為3年），每年有48小時的講課和1,200小時的實習。就業後還可以接受生活安定支援的資金融資。

○福井縣水產經營支援小組 ☎ 0776-20-0437

⑲ 山梨 YAMANASHI

搭電車或開車約 1 個半～ 2 小時就可抵達東京。新幹線磁浮列車開通後，到東京時間將可縮短為 25 分鐘、到名古屋 40 分鐘。可以享受包圍在富士山、八岳、南阿爾卑斯等群山當中的雙據點生活。

山梨移居、定居綜合入口網站 https://www.iju.pref.yamanashi.jp/

教育相關費用都免費的親子山村留學

丹波山村

包圍在雲取山、飛龍山等群山之間，人口只有約550人的村子，可以親子一起來留學。對象為小學1年級到中學3年級的兒童跟家長為對象。期間為1年，可以延長或者在年度途中加入。一邊到丹波中小中學上課，還可以體驗獅子舞或舞菇栽培等。除了可以併進每月1萬5千日圓起的定居促進住宅外，營養午餐費、教材費、畢業旅行、校外學習等費用全免。

○丹波山村教育委員會
☎ 0428-88-0211

住在農家，到水果農園工作

甲州市

葡萄和水蜜桃等水果栽培相當興盛的甲州市，提供三天兩夜的農村打工度假。住在農忙期需要幫手的農家，協助替果樹裝防晒傘、套袋、收成等農務。

○農林振興課 ☎ 0553-32-5092

東京FM電台在山梨直播中

東京FM以在山梨的雙據點生活（Dual Live）為主題，推出「愉快Dual 」的節目（已於2022年3月結束）。訪問移居者或者雙據點生活、辦公度假的人真實心聲。

○愉快Dual♪ https://www.tfm.co.jp/lululu/

⑳ 長野
NAGANO

2018 年有 2,315 人移居，其中 3 分之 1 為 20 多歲，深受年輕世代歡迎（長野縣就業促進、工作方式改革戰略會議）。從東京搭乘北陸新幹線約 1 個半小時可達，方便性高，住宿和生活費在日本全國看來也相當低廉。

樂園信州　https://www.rakuen-shinsyu.jp/

接受經驗豐富的農家前輩細心地指導

東御市

終年晴天多，除了巨峰等果樹、釀造紅酒用的葡萄、水稻之外，還栽種各種蔬菜，也盛行釀造紅酒。市政府針對新從農者提供特別的研習制度，協助媒合希望從農者和可以擔任教學的農業前輩，可以在前輩的農園裡實習2年。研習其間中可以住在東御市從農訓練中心中。

○農林課勞動人口支援科
☎ 0268-64-0535

有志成為木曾漆器職人者可學習工藝技法的學院

鹽尻市

以檜木、櫸木等木材和天然漆製作的木曾漆器，是有450多年歷史的傳統工藝品。在鹽尻市木曾高等漆藝學院可以免費學習2年木曾漆器的工藝技法，科目有漆工、蒔繪、沉金。每年2月徵求數名學生，對象為在木曾漆器產業工作的人（或將來預計進入該產業的人）。課程1週2天，在夜間舉行，能一邊工作一邊上課。

○木曾漆器工業合作社事務所
☎ 0264-34-2113

㉑ 岐阜
GIFU

最大的魅力是北阿爾卑斯和木曾三川等自然環境，以及刀具和美濃燒等造物傳統。從名古屋搭乘 JR 約 20 分鐘即可達，交通十分方便，來自愛知縣的移居者 1 年有 8 百多人。

Fufufu 岐阜　https://www.gifu-iju.com/

在當地蓋新居的移居家庭可以獲贈 10 俵白米

飛驒市

為了讓移居者了解飛驒的風土和居民的性格，在移居後的10年期間，每年會贈送1俵白米，共計10俵，對象為單身、夫婦、家庭從市外移居者，如果移居後3年之內新建或購買房屋者（但在市內有二等親以內之親人者除外）。一俵約60公斤，也就是10年共可獲得約6百公斤的米。

○地區振興課
☎ 0577-62-8904

可以找到理想工房空間的陶藝工房資料庫

多治見市

針對希望在美濃燒產地創作陶器的人，在網路上公開租借工房的資訊。窯、轆轤等設備，或者有無展示空間等，可以依照自己的期望條件來搜尋各種物件。

○多治見市陶磁器意匠研究所　☎ 0572-22-4731

培養生產縣特產品之新從農者

飛驒地方的名產飛驒牛，還有美濃地方的稻米跟蔬菜等，農產物種類豐富多彩。當地有可以從基礎學習農業的夜間課程，以及能跟著專業農家實習1年的「明日農業塾」等，從農支援方案相當充實。

○岐阜從農入口網站 岐阜晴天 https://gifu-agri.com/

22 靜岡 SHIZUOKA

東海道新幹線通往名古屋、東京皆約 1 小時，這樣的方便性非常適合遠距工作移居。延續南阿爾卑斯的群山，以及相模灘、駿河灣、遠州灘 3 個海灣，可以在此輕鬆享受戶外活動。

悠遊人靜岡 https://iju.pref.shizuoka.jp/

遠距工作移居 最多可獲得 50 萬日圓

富士市

搭乘東海道新幹線從東京1小時10分就可到達的富士市，提供遠距工作移居最高50萬日圓的補助金。補助對象為因遠距工作移居至此，東京連續工作、居住1年以上的公司員工或自營業主。

○企劃課移居定居推動室 ☎ 0545-55-2930

地區振興協力隊定居率日本全國第一

「地區振興協力隊」最長可移居到地方3年，協助宣傳推廣地方等各種活動。在靜岡縣，任期結束後隊員的定居率為全國最高，達83.3%。48人中有40名都會定居在活動地區或者鄰近地區（2019年度總務省調查）。

在地區的合作支持下，幾乎百分之百可持續務農

伊豆之國市

縣市單位、JA農協組織跟接收農家合作，一起支持新從農者。補助對象基本上為未滿45歲者，並且會進行2個月的事前研習及為期1年的實習。伊豆之國農協管轄區內，有小番茄農家57人、草莓20人、芥末2人，共計80人得以正式加入農業（截至2020年度底）。租用農地、從農後的經營都可以跟農家前輩或農協討論，從農後持續率幾乎為百分之百。

○JA伊豆之國營農販賣課
☎ 055-949-7111

23 愛知 AICHI

汽車產業叢聚，產品出貨額為全國第一，薪資水準高，但物價和房租都低於日本全國平均。縣內有高速公路、新幹線、機場，到日本全國都很方便。

愛知宜居宣傳網站 https://www.pref.aichi.jp/chiho-sosei/sumiyasusa/

提供開始從農者基礎知識的從農學院

豐川市

面對豐川流過的三河灣、擁有豐富自然的豐川市，為新從農者提供了「豐川從農學院」。對象為種植蘆筍、茄子、高麗菜，並在結業後1～2年內有志從農者。從每年8月到隔年6月進行10個月的研習，學費為5千日圓。每月舉辦2次課程，課堂包含去農地裡實習。結業之後可以獲得購買或者租借農機的支持。

○產業環境部農務課
☎ 0533-89-2138

提供 40 歲以下移居者町外通勤補助金

東榮町

針對返鄉、下鄉的40歲以下到町外通勤，提供3年的補助金。如果開車、騎機車，6個月可領取3萬9千日圓～9萬9千日圓（金額依距離不一）。如搭乘電車，會補助6個月定期券費用的一半。

○振興課 ☎ 0536-76-0502

與名古屋市相鄰，日本最有錢的村子

飛島村人口約有4千8百人，是個小村子，但由於這裡是臨海工業地的物流據點，財政力指數2.18，為全國第一。中學2年級到美國體驗寄宿家庭的費用全額由村負擔等，教育支援相當充實。

○飛島村公所 https://www.vill.tobishima.aichi.jp/index.html

24 三重 MIE

縣北部到名古屋開車約1小時，到京都約1個半小時，交通十分方便，縣內有新世代汽車等最先進企業進駐。縣南部為熱門的觀光、度假勝地伊勢志摩地區，農林漁業興盛。

三重是個好地方 https://www.ijyu.pref.mie.lg.jp/

工作空檔可以享受溫泉的衛星辦公室

松阪市

設置有溫泉的道之驛「飯高站」旁的衛星辦公室，有出租辦公室、共享空間、出租廚房等設施。個人、法人都可租借出租辦公室，每月費用為1萬日圓（水電費另計）。共享空間和出租廚房1小時5百日圓、全天租用為3千日圓（空調費另計）。可以利用附近的住宿設施。

○松阪移居交流中心
☎ 0598-32-2515

伊賀街道沿線提供兒童體驗農業

伊賀市

伊賀市內有連接伊賀和伊勢的伊賀街道，街道沿線有許多松尾芭蕉的句碑，在這裡提供了全年都能體驗農業的「大山田農業小學」。兒童可以擁有8坪左右屬於自己的田地，每月2次學習蔬菜播種和收成的作業。所有參加者都可以體驗插秧跟割稻。還有夏天的泛舟跟秋天的田間運動會等活動。費用為1個家庭每年2萬日圓。

○大山田農林業公社
☎ 0595-47-0151

25 滋賀 SHIGA

滋賀縣內有日本最大的湖琵琶湖，製造業占縣內總生產的比例為全國第一，是製造業興盛的縣。薪資水準高，員工平均每人的現金薪資總額為504萬日圓，繼愛知、神奈川為日本全國第三。

滋賀生活 https://www.pref.shiga.lg.jp/iju/

不同區域的體驗方案，感受真實移居生活

滋賀縣

可以參加能跟地區橋接者一起走逛、體驗工作現場的「滋賀走讀」。基本行程為兩天一夜起，有東近江、高島、米原、彥根、甲賀、近江八幡等不同地區的方案。參加者以未滿50歲者為對象（學生除外），參加後提出照片和體驗報告者，可以獲得每天6千日圓的謝禮。交通費、住宿費、體驗費用由參加者自行負擔。

○滋賀移居計畫
https://shiga-iju.com/

在信樂燒的故鄉學習陶器傳統的特別課程

甲賀市

日本六大古窯之一信樂燒的產地甲賀市信樂町，有全國少見可以學習製陶產業的信樂高中。共分為陶瓷、設計、一般等3種課程系列，從2年級開始分科學習。在陶瓷科中請來信樂燒傳統工藝師親自指導，設計科則有機會負責當地活動加油海報等的設計。

○滋賀縣立
信樂高等學校
☎ 0748-82-0167

26 京都 KYOTO

京都給人強烈的古都印象，但其實北部是有「天橋立」大沙洲的「海之京都」，南部是盛產宇治茶的「茶之京都」等，其實各地區擁有多樣的面貌。物價水準高，僅次東京、神奈川、埼玉，為全國第四。

今日和明日 https://www.kyoto-iju.jp/

改裝老京町家可獲得最高 90 萬日圓的補助金

京都市

市內1年以上未使用的獨棟建築、長屋建築，若用於規定的特定目的，工程費用最高可獲得60萬日圓的補助。以傳統工法建造的京町家等最多可以獲得90萬日圓的補助。

○空屋諮商窗口 ☎ 075-231-2323

職人、經營者、設計師齊聚的「京都匠師工房」

「京都匠師工房」提供在京都府內有職場和住處、從事傳統產業的人互相交流、接受人才培育課程等。人才培育課程中有關於工藝市場、SNS活用術等講座。

○京都匠師工房 https://kyoto-craftsmanstudio.com/

提供返鄉、下鄉者每月房租 3 萬日圓的住處

綾部市

綾部市的彌仙山因其美麗的姿態，被稱為「丹波富士」，開車前往大阪、神戶、京都市內約需時1個半小時，提供返鄉、下鄉者住處。市政府向空屋屋主租借後進行改裝，馬上就可以入住。對象為來自市外到此移居、家庭成員未滿60歲者，每月房租為3萬日圓（保證金9萬日圓）。原則上可入住3年。

○定居交流部定居、地區政策課
☎ 0773-42-4270

27 大阪 OSAKA

西日本的中心地區。通學通勤花費的時間單程約 42 分鐘，比東京圈更短，職住接近為大阪的特徵。

大阪府官網促進定居的行動

http://www.pref.osaka.lg.jp/kikaku_keikaku/tihousousei_torikumi/teijyusokushin.html

從 0 經驗開始成為草莓農家的實踐型農業塾

千早赤阪村

府內唯一的村中聳立著金剛山以及廣大的梯田。大阪府、千早赤阪村、河南町、農協組織大阪南在此攜手一起推出了農業塾「草莓學院」。從農課程為期1年，內容包括栽培方法、銷售商品製作重點、草莓栽培經營試算等講座，還可以到專業農家實習，直接接受指導。學費為3萬日圓，單純講座的費用為6千日圓。

○大阪府南河內農與綠綜合事務所農業普及課
☎ 0721-25-1131

年輕人、育兒家庭活用空屋最高可獲得 1 百萬日圓

枚方市

補助對象為符合條件未滿40歲的夫婦，或者家有18歲以下兒童的家庭，若拆除市內空屋重建，或者進行耐震改修及改裝工程，最高可獲得1百萬日圓的補助。

○住宅地區營造課 ☎ 072-841-14

全面協助關西地區女性的創業

以關西地區2府5縣的女性為對象，實施女性創業家加油專案。目前為止共有超過5千名女性參加。內容包括舉行商業計畫發表會，以及經營與民間企業共同創建、協助創業家的社群網站等。

○女性創業家加油計畫＆網路營運祕書處
☎ 06-6271-027978

㉘ 兵庫 HYOGO

北鄰日本海、南至瀨戶內海，不同區域之間的氣候變化豐富。北部冬天降雪量多，但人口集中的神戶、阪神地區氣候溫暖，神戶市1年的水電費支出為日本全國最低廉。

實現夢想的兵庫 https://www.yume-hyogo.com/

準備定居的第一步 為移居者提供的超低價租屋

豐岡市

位於兵庫縣北部，有面日本海的竹野濱、南部神鍋高原，以及1千3百多年歷史城崎溫泉等，市內充滿個性相異的地區資源。為了讓移居者更容易了解豐岡生活，針對移居者提供住宅，最長可居住2年，進行定居的準備。每月房租從1萬4千5百日圓到2萬日圓左右（保證金另計）。部份物件可以在線上360度瀏覽。

○豐岡市環境經濟課
☎ 0796-21-9096

在洲本市購買土地可獲得2百萬日圓的高額補助

洲本市

購買市內土地建設住處的家庭，可以獲得活化促進金的給付。基本金額2百萬日圓，家中如有小學以下兒童，或者10年內有兒童出生，每名兒童可追加1百萬日圓（上限3人）。

○地區生活課 ☎0799-33-0160

可以儲存樂天超級點數的兵庫e-縣民證

針對居住縣外者限定發行的「兵庫e-縣民證（Edy卡）」每次在全國便利商店等使用，即可累積樂天超級點數。

○兵庫e-縣民制度
https://web.pref.hyogo.lg.jp/kk44/e-kennmin.htmlpage.214

㉙ 奈良 NARA

奈良有歷史悠久的神社佛閣，吸引許多觀光客造訪。奈良縣南部、東部被稱為「奧大和」，這個山區是世界遺產「紀伊山地的靈場和參拜道」。該區市町村對於移居者的支援相當投入。

Local Life in Nara Okuyamato https://locallife-okuyamato.jp/

協助年輕單身移居者 運用特產木材的共享住宅

川上村

吉野川上流的川上村針對林業就業者和創業的年輕單身者，提供定居準備期間可以入住的「人知共享住宅」。大量採用名產吉野材建造的設施，提供18歲～39歲、最長5年時間入住。廚房、餐廳、浴廁等為共用，有個人房間。房租每月1萬2千日圓，管理費每月6千日圓（保證金為3個月房租）。

○川上村生活定居課
☎ 0746-52-0111

包圍在大台原群山中的村落提供結婚定居獎勵金

上北山村

上北山村中有熱門登山地點大台原，在這裡結婚並且持續定居的新婚夫婦，可以領取結婚定居獎勵金。提出結婚申請1年後可領取10萬日圓，3年後可以領取20萬日圓。

○住民課 ☎ 07468-2-0001

在奧大和遠距工作！ 位於5個區域的共享辦公室

奈良縣的吉野町、東吉野村、五條市、下北山村、天川村的共享辦公室是將老屋或旅館翻新或與咖啡廳兼營，各有特色，並配備完善的網路環境。

○奈良縣總務部知事公室奧大和移居、交流推動室
☎ 0744-48-3016

30 和歌山 WAKAYAMA

位於紀伊半島西側，氣候溫暖。蜜柑、梅子、柿子收成量為全國第一。通學、通勤時間比東京短 30 多分鐘，每月平均房租 40,984 日圓，為關西區域中最便宜的地方。

和歌山 LIFE https://www.wakayamagurashi.jp/

媒合當地「產業」跟移居者

和歌山縣

實施「和歌山移居者接班支援事業」，媒合需要接班人的縣內商店、餐飲店、民宿等，跟想接班的移居者。希望藉此讓傳承在地方上的服務，透過移居者的嶄新觀點帶來活化。支援對象為來自縣外移居未滿3年、年齡未滿60歲的人，繼承事業相關費用最高可獲得1百萬日圓的補助。

○移居定居推動課
☎ 073-441-2930

針對希望成為蜜柑農家的人提供全方位服務

有田市

為了支持想成為有田蜜柑農家的人，提供了「AGRI-LINK IN ARIDA」這個支援體制，媒合市外移居的40歲以下新從農者跟農地提供者、接收農家。新從農者可以在接收農家學習2年的技術，並且獲得業務委託費和行政機關的補助金，還可以跟農地提供者簽約、繼承農地。條件為研習後5年必須持續從事農業。

○有田蜜柑課
☎ 0737-22-3635

31 鳥取 TOTTORI

鳥取為全國人口最少的縣，但是近年來深受來自近畿地方和關西地方的移居者歡迎，2019 年度的移居者人數有 2,169 人。移居者 68.6%都是 20 ～ 30 多歲的家庭等，年輕移居者多為一大特徵。

鳥取來樂暮 https://furusato.tori-info.co.jp/iju/

幫忙農務和店面工作等換取免費住宿的志工體驗

湯梨濱町

湯梨濱町有町中心的東鄉湖風景和湖中湧出的溫泉，這裡正在徵求跟地區住民一起從事志工活動的「湯梨濱生活體驗志工」，內容包括幫忙農園、在高齡者聚集的咖啡廳幫忙、在當地熱門麵包店或交流中心幫忙待客等等。住宿可以免費利用宿舍。

○企劃課
☎ 0858-35-5311

每月房租 5 千 5 百日圓，就能開一間屬於自己的店

倉吉市

留有長排白牆倉庫街景的倉吉市，透過「挑戰商店經商塾」來支援想開店的人。申請者可以用每月房租最高5千5百日圓（根據店鋪面積而異）租借空店鋪。契約期間最長為1年。在挑戰商店累積了經驗後，陸續有畢業生紛紛開了自己的雜貨店、美體店、咖啡廳等各種店家。

○倉吉商工會議所
☎ 0858-22-2191

㉜ 島根 SHIMANE

通勤、通學所費時間單程不到 30 分鐘，平均回家時間為 18.16 分，比東京早 1 個小時，擁有許多閒暇時間。0 待托育兒童數，一邊育兒一邊工作的女性為全國最多。

生活在島根 https://www.kurashimanet.jp/

透過商業競賽中誕生了 24 間企業

江津市

在這個有大江注入日本海的市內，每年都會舉辦商業計畫競賽「Go-Con」。當地也提供移居創業的支援，9年來共有24間創業成果，市的人口也增加了。

○Go-Con https://go-con.info/

針對返鄉、下鄉產業體驗提供補助金

針對返鄉、下鄉3個月以上、1年以內期間，體驗農業、林業、漁業、傳統工藝、照護領域者，給付補助金。金額為每月12萬日圓，家中有中學生以下兒童每人增加3萬日圓。

○返鄉下鄉島根產業體驗
https://www.teiju.or.jp/sangyou-taiken/

提供最高 25 萬日圓的返鄉、下鄉獎勵金

隱岐之島町

隱岐之島町位於隱岐諸島最大的島，島後。從隱岐機場飛到大阪、伊丹機場大約50分鐘，交通方便，2018～2019年共有195人移居。提供返鄉、下鄉者獎勵金，基本金額為1戶5萬日圓。夫婦和家中有18歲以下兒童的家庭可以各加領10萬日圓，最高可領25萬日圓。對象為未滿50歲、轉入後180天之內的人。

○地區振興課
☎ 08512-2-8570

㉝ 岡山 OKAYAMA

受惠於溫暖的好天候，這裡相當盛行栽種白桃和麝香葡萄等水果。颱風或地震等自然災害低於全國平均。高速公路網發達，到大阪約 2 小時，搭飛機大約 1 小時 15 分鐘可達東京。

岡山晴朗之國生活 https://www.okayama-iju.jp/

創業家和育兒家庭房租最高可減免 2 萬 5 千日圓

西粟倉村

2008年起開始的「百年森林構想」獲得全國關注。為了守護約占村中95%面積的森林，將個人名下的森林交給村，統一管理10年。並且進行疏伐材的商品化和推廣。針對在此創業、作為辦公室使用，或者結婚3年以內的夫婦或育兒家庭，「工作、生活加油住宅」每月房租7萬日圓最多可減免2萬5千日圓。

○村公所
☎ 0868-79-2111

數個月或只有單天任君挑選的農業體驗活動

津山市

津山市由於曾是出雲街道要衝，過去是繁榮一時的城下町。來自津山區域外想移居到市內的人，可以在當地農家的農園裡實際體驗農業。共有長期體驗和單次體驗2種方案，長期體驗每月參加1次，就可在長達數個月的期間中，體驗從播種到收成。也有1天的單次體驗可以參加。

○津山生活移居支援中心
☎ 0868-24-3787

34 廣島 HIROSHIMA

都會區域鄰近瀨戶內海和中國山地，生活方便卻又可以體驗豐富的自然。在回歸鄉里支援中心所實施的移居希望地點排行榜中，也非常有人氣。

HIROBIRO- 廣島移居媒體 https://www.hiroshima-hirobiro.jp/

幫助想實現自我的女性創業家

三次市

透過「三次女創業家」制度，認證女性創業家並提供支援。經過認證後，可以在創意空間「Asist lab.」接受專家免費個別諮商，還可以享有體驗開店的優惠。

○育兒、女性支援部 ☎ 0824-62-6242

在廣島里山、里海辦公度假

鼓勵企業衛星辦公室進駐的「挑戰里山工作」，目前正在11個市町展開中。從面對瀨戶內海的區域到中國山地，可以在各種自然豐富的環境中體驗辦公空間，實現辦公度假。

○廣島縣中山間地區振興課 ☎ 082-513-2636

拜師在資深漁夫門下在瀨戶內海體驗漁業

吳市

面對瀨戶內海的吳市漁業以沿岸漁業為中心。由於不出外海，所以多半以個人經營的5噸以下小漁船捕撈。漁夫拜師體驗可以跟資深漁夫一起乘船，學習捕撈事前準備到事後整理。期間為1～2天，對象是20～60歲想成為漁夫的人。可以體驗的漁法根據參與的漁協組織不同，有一本釣、刺網，還有海藻類養殖等等。

○吳漁業合作社連絡協議會
☎ 0823-25-3319

35 山口 YAMAGUCHI

位於本州最西端、三方被海包圍，有虎河魨等豐富水產品。每月房租低於 、 萬日圓，為中國地方最便宜。縣內各處有 50 多處溫泉，堪稱溫泉縣。

真想住這裡！超讚山口 https://www.ymg-uji.jp/

歡迎女性移居者！補助房租和搬家費用

萩市

「萩LOVE女子加油事業」對來到萩生活加油中心的18歲以上、44歲以下移居獨身女性，提供1年期間每個月房租最高2萬日圓的補助。如果被市內的事業所正式雇用，搬家費用最高給付5萬日圓。

○來啊，豐足生活加油課 ☎ 0838-25-3360

來山口當漁夫

山口縣的漁業補助分為針對船主漁夫和漁船船員2種支援制度。船主漁夫研習基本為2年，漁船船員研習最長給付薪資1年。船主漁夫就業後，最長可以接受3年的給付金。

○山口縣漁業就業者確保育成中心 ☎ 083-261-6612

體驗農業生活的2 種社區農圃

宇部市

市區附近有宇部機場，交通方便。溫暖少雨，氣候溫和，中央部以北有廣闊的梯田和茶園。宇部的社區農圃分為短期和長期2種設施，想移居的市外人士可以一邊體驗農業一邊試住。短期住宿費用從1晚1,540日圓起，長期的能以1個月3萬5千日圓使用50平方公尺附農園的住宿設施。

○北部、農林振興部農業振興課
☎ 0836-67-2819

德島 TOKUSHIMA

有線電視網覆蓋全縣，網路環境充實。本縣的女性十分活躍，女性社長率為全國第三名，女性管理職的比例為全國之冠。酢橘、阿波尾雞、海鰻等特產品也很多。

來德島住住看！ https://tokushima-iju.jp/

到市內企業就職者 最高 30 萬日圓的獎勵金

三好市

本市因流傳平家傳說的祖谷溪「祖谷藤蔓橋」而知名，提供在市內企業就職的移居者獎勵金。對象為在市外居住1年以上、移居後半年以內獲得正式雇用者。金額為20萬日圓，如果從東京移居，可再增加10萬日圓。另外還有租賃物件的房租補助制度，最長可接受2年間支援，以每月房租1萬5千日圓為上限。

○商工政策課
☎ 0883-72-7645

接連有 IT 企業進駐的山里共享空間

神山町

從德島市外開車約1小時可達，2004年全戶都配備光纖。共有14間企業在此設置衛星辦公室。由NPO法人綠谷所運營的「神山綠谷衛星辦公室、複合設施」中有共享空間，1天1千日圓、每月5,250圓起即可使用。加上鄰近的住宿設施「WEEK神山」，可以作為辦公度假的去處。

○神山綠谷衛星辦公室、複合空間
☎ 050-2024-4385

香川 KAGAWA

2019 年度的移居者數有 1,970 人（1,410 個家庭）。有許多來自中國、四國地方和近畿地方的移居者，一半都是 30 世代以下，深受年輕人和育兒世代歡迎。移居地點的首選前三大城市為高松市、坂出市、小豆島町。

香川生活 https://www.kagawalife.jp/

提供移居者創業補助 最高 5 百萬日圓

三木町

從縣廳所在的高松市搭乘高松琴平電氣鐵道約20分鐘。這裡是方便的衛星市鎮，到了秋天會舉辦大獅子遶境祭典。提供「人才、物產、地方創生創業加油協助」制度，運用町內空屋資料庫登錄物件，從事社會性創業的移居者可以領取補助金，上限為5百萬日圓，包含物件購買費、改裝費、設備費、宣傳費等補助。

○地區活化課
☎ 087-891-3320

返鄉的育兒世代 可領取 10 萬日圓商品券

讚岐市

支持三代同居、近居。在年邁父母親生活的市內，如果子女帶著未滿18歲的孫兒移居，可以領取「讚岐市共通商品券」10萬日圓。條件為三代必須同居，或者同樣住在市內。

○政策課 ☎ 087-894-1112

3年免費學習漆藝

香川縣漆藝研究所致力於培養江戶時代傳承至今的漆藝技法接班人。課程為期3年，可以學習漆藝技術和日本畫、設計、木雕等。對象為35歲以下的人。入學金、學費免費。

○香川縣漆藝研究所 ☎ 087-831-1814

38 愛媛 EHIME

物價和房租低於全國平均，在四國也是最低廉的。全年氣候溫暖，2003 ～ 2015 年地震發生件數少也是一大特徵。從松山機場到羽田機場大約 1 個半小時，到大阪國際機場約 50 分鐘，交通也很方便。

愛媛移居網 https://e-iju.net/

立志成為傳統產業職人者每月 12 萬日圓的獎勵金

內子町

町內的護國地區依然將明治時期的町家或商家維持當時的樣貌保存下來，提供了「職人育成獎勵金」，作為傳統產業後繼者的獎勵金。獎勵對象為年齡在40歲以下、立志成為大洲和紙、茶碳、桐木屐等工藝職人，並師從受認證的技術者。獎勵金每月12萬日圓，共提供3年。條件為獎勵金給付期間結束後必須從事該傳統產業5年以上。

○町公所
☎ 0893-44-2111

四國最西端的佐田岬提供農漁業入門者支援

伊方町

伊方町位於四國最西端，包圍在宇和海和瀨戶內海之間的佐田岬，鮑魚、蠑螺、青魽等海產豐富，也盛產蜜柑等各種柑橘類。為了支援從事農漁業者，對新就業人口提供補助金。對象為住在町內18歲以上、未滿45歲的人。如有親戚住在町內，繼承親戚的土地或漁船等每月可領取5萬日圓，漁業的新經營者每月可領取10萬日圓（3年）。目的在於幫助領取補助者10年以內能成為獨立自營的從業者。新從農者可以運用國家的補助金制度。

○町公所 ☎ 0894-38-0211

39 高知 KOCHI

面對太平洋，鰹魚、鮪魚漁業全國知名。縣下的市町村都有移居諮商窗口，2019 年度所有市町村共計有 1,030 組（1,475 人）移居。移居者中有 4 成來自關東地區，為一大特徵。

生活在高知家 https://kochi-iju.jp/index.html

清流之町提供立刻可以入住的划算物件

檮原町

四萬十川源流域，由町租下空屋進行全面改裝。這些馬上可以入住的住處，以每月房租1萬5千日圓的費用租給移居者。2020年度移居諮商有161件，是深受移居者歡迎的制度。

○地區營造推動課 ☎ 0889-65-1111

在挑戰商店體驗開店

想開店的人可以利用挑戰商店制度，在縣內共有10處。1個設施可以由1～3家店 共享，每月費用負擔為3千日圓起。挑戰商店畢業後的開業實績，有餐飲店、雜貨店等各式各樣店家。

○高知縣經營支援課 ☎ 088-823-9679

尋找最適合自己的移居地兩段階移居制度

高知市

首先移居到高知市，再慢慢探訪各個市町村，再搬到自己期望地點的兩段階移居制度。「試住補助」在第1段階的高知市住宅費用和搬家費用，最高補助20萬日圓。另外探訪市町村時所需的租車費用，最高給付2萬日圓。對象為住在縣外、考慮來到高知縣內進行兩段階移居者。

○高知市移居、定居促進室
☎ 088-823-8813

⑩ 福岡

九州人口最多，又可透過福岡機場和北九州機場連接日本國內外。汽車、半導體工廠林立的北九州地區，還有農林水產業興盛的筑後區域等，每個地區各具特色。

福岡生活 https://ijuu-teijuu.pref.fukuoka.lg.jp/

在八女鍛鍊技藝的職人 最長可獲得 3 年獎勵金

八女市

八女以佛壇、提燈、石燈籠、手漉和紙等傳統工藝聞名，這裡針對接受傳統工藝師指導、住在市內的研習生提供獎勵金。對象為未滿40歲、開始研習未滿2年的人。獎勵金最長3年、每月最高4萬日圓。從市外移居至此還可以接受房租補助。條件為每月研習10天以上、學習技術之後繼續在市內就業或開業。

○商工振興課
☎ 0943-23-1189

在筑後川流經的豐沃大地 支援新從農者的自立

久留米市

距離福岡市約40公里，水果、花卉等生產為縣內頂尖水準。針對立志獨立從農者提供農業實踐研習。媒合希望從農者跟進行研習的農業單位等，進行1～2年間、每年1千2百小時以上的實踐研習。對象為研習結束後1年以內在市內獨立自營從農者（從農時未滿50歲，農業次世代人才投資資金（準備型）給付對象）。

○農政部農政課
☎ 0942-30-9163

㊶ 佐賀

SAGA

九州最小的縣，北有玄界灘、南面有明海。經九州高速公路、大分高速公路約 1 小時可達福岡。合計特殊出生率為全國第五，為非常適合育兒的縣。

佐賀微笑 https://www.sagasmile.com/main/

讓離島成為故鄉 親子 1 年留學計畫

唐津市

玄界灘上的向島、馬渡島、松島、加唐島、小川島、神集島、高島等7個小島人口共計約1千2百人。其中馬渡島、加唐島、小川島、高島提供中小學生跟家長一起家族留學（高島僅接收小學生）的計畫。期間原則上為1年間，每月可領取約4萬5千日圓的補助金。在島上學校就讀時，也可參加七島交流運動大會或釣魚大會等地區活動。

○唐津七島活化協議會
☎ 080-2758-9164

豐富的加油金 支援各種世代的移居

嬉野市

嬉野市提供許多獨一無二的特別移居加油金制度。祖父母家位於市內的孫兒移居至此，單身孫兒每人可獲得10萬日圓的「孫兒回家加油金」，另外妻子娘家在市內，丈夫移居至此也可領取10萬日圓的「女婿加油金」（結婚後5年以內）。未滿50歲的單身女性移居可以領取10萬日圓的「女子返鄉加油金」。工作相關方面，移居後2年以內在市內創業者可以獲得「創業挑戰加油金」，最高1百萬日圓。移居到市內以遠距工作方式持續工作者，也可領取加油金。必須在移居前事先申請。

○企劃政策課　☎ 0954-66-9117

㊷ 
長崎
NAGASAKI

2018 年度的返鄉、下鄉移居者有 1,121 人，40 歲以下的人約占 8 成。占本縣人口約 1 成的對馬、壹岐、五島列島等島嶼中，五島列島的五島市移居人數有增加趨勢。

長崎移居導覽 https://nagasaki-iju.jp/

在北部的島上就業者可獲得 50 萬日圓

小值賀町

從佐世保搭渡輪3小時的小島上，約有2千3百人口。來到町內從事農林水產商工業者，或者成為接班人，可以獲得補助款50萬日圓。條件為必須從事該事業10年以上。

〇町公所 ☎ 0959-56-3111

「長崎移居 樂部」提供各種優惠服務

登錄以縣外移居者為對象的「長崎移居 樂部」，就可以享受縣內的租車費用、從縣外移居時的搬家費用折扣、住宿設施之優惠等各種服務。

〇https://nagasaki-iju.jp/useful_info/support/ijuclub/

歡迎新婚伴侶的移居！最高提供 60 萬日圓支援

雲仙市

北面有明海、市內有雲仙普賢岳，雲仙市提供的結婚獎勵金如果結婚前夫婦即居住在市內，可以領取50萬日圓，夫婦其中一方因結婚而移居可領取55萬日圓，夫婦皆為移居者可以領取60萬日圓。對象為未滿42歲的夫妻，或者夫妻雙方或者其中一方在42歲以上、於2019年4月～2022年3月底結婚，在2023年3月底之前生子的夫婦。獎勵金分成3年期間分期給付。

〇地區營造推動課
☎ 0957-38-3111

㊸ 
熊本
KUMAMOTO

平均 1 個月的房租跟福岡的 48,429 日圓相比，便宜了約 8 千日圓。到福岡的交通搭乘新幹線約 30 分鐘，通學通勤都很方便。湧水豐富，約 8 成都使用地下水。

KUMAMOTO LIFE https://www.kumamoto-life.jp/default.html

「相良 700 年」歷史悠久之地提供住宅補助金

多良木町

領主相良氏治理了長達7百年，在這裡傳承有臼太鼓舞、還有猜拳始祖「球磨拳」等獨特文化。面積有8成為山林原野，使用當地產的木材新建住宅者可以領取補助金。條件為必須由町內施工業者興建，給付金額為實際使用之町產木材合計金額2分之1，上限1百萬日圓。

〇農林整備課
☎ 0966-42-1267

提供內航海運船船員就職祝賀金

上天草市

四面環海的上天草市海運業共有海運業者約百間、船員數約8百人，為日本全國首屈一指的規模。50歲以下從市外移居至此的人，或者在當地海運公司就職的社會新鮮人，工作連續9個月可獲得就職祝賀金10萬日圓。條件為需要取得海技執照。另外如果就職於海運公司的移居者在此租屋，每月可獲得最高2萬日圓、為期2年的補助

〇經濟振興部產業政策課
☎ 0964-26-5531

44 大分 OITA

通學、通勤單程時間 28.5 分鐘，為日本全國最短，平日下班回到家的平均時間為 18 點 19 分，可以享受工作與住處十分接近的生活。大分同時也是知名的「溫泉縣」，利用溫泉的公共澡堂共有將近 、 百間。

大分生活 https://www.iju-oita.jp/

在六鄉滿山文化之地創建藝術之鄉

國東市

國東半島有「神佛習合」的六鄉滿山文化，保留有兩子山的修驗之道和宇佐神宮等許多歷史文化。國東市致力於鼓勵藝術家移居，介紹可供「駐村藝術家」使用的住處兼工作室物件。房租為每月1萬5千日圓。另外還有可以為了創作活動在此短居的育成設施「IMITERASU」。

○NPO法人國東半島國間粹群
☎ 0978-82-0770

學習有機農業「有機之里」的教練制度

臼杵市

不使用化學合成農藥或化學肥料種植的蔬菜，臼杵市自行推出了「道地好農產」的認證制度。另外還有農夫學校，可以在經過認證的教練下研習1～2年，學習有機農業。

○農林振興課（野津廳舍） ☎ 0974-32-2220

介紹女性移居者真實的生活樣貌

透過影片《她來大分的理由》介紹移居大分縣的6位女性生活。由當事者親自講述移居的原因、對大分的印象，育兒和工作、對考慮移居者的建議。

○https://www.iju-oita.jp/migrant

45 宮崎 MIYAZAKI

全國物價水準最低，1 個月房租大約為 3 萬 8 千日圓左右。另外自然災害風險僅次於鳥取縣、櫪木縣，為日本全國第三低（自然災害之風險指標（GNS）2017 年度）。

溫暖宮崎日和生活 https://iju.pref.miyazaki.lg.jp/

享受 3 年生活補助款，新婚家庭友善

川南町

面對日向灘，農業、漁業、畜產業都非常興盛的川南町，提供新婚家庭補助金。對象為夫婦皆40歲以下、提交婚姻申請3年以內的家庭。補助期間為期3年，每月1萬5千日圓。

○地區營造課 ☎ 0983-27-8002

鄰近衝浪勝地的試住小屋

川南町有著名的衝浪勝地伊倉濱，日向市則有倉濱和金濱等，在衝浪客聚集的地方提供了試住體驗設施。使用免費，部分還可以獲得住宿費、租車費用的補助。

○https://iju.pref.miyazaki.lg.jp/otameshi/municipalities/

珍惜自然的的地方設置從農訓練中心

綾町

綾町約略位於本縣中央，有廣大的副熱帶常綠闊葉林帶。1988年制定了「自然生態系農業推動相關條例」，推動有機農業。從農支援豐厚，2013年～2017年這5年共誕生了約40名新農家。JA綾町訓練中心針對無經驗者進行1～2年的農業指導，在此可以學習主力作物小黃瓜的栽培技術跟經營管理。研習中可以住在町準備的住處，每月領取15萬日圓的補助金。另外還可以接受獨立從農的農地、房屋斡旋，以及JA的融資等協助。

○JA綾町經濟部生產指導課 ☎ 0985-77-1301

46 鹿兒島 KAGOSHIMA

縣下 18 個市町村皆有山村留學制度，接收人數名列日本全國前茅，也有許多可以親子留學的地方。各市町村都提供農漁業、產業體驗等，還可以體驗抓飛魚、製作黑糖等等。

來鹿兒島生活 https://www.kagoshima-iju.jp/

來到綠意盎然的島上遊學，最長 2 年的親子留學

屋久島町

屋久島町由被認定為世界自然遺產的屋久島和口永良部島2個島所形成，提供了可以親子一起留學的制度。永田小學的「海龜留學」、栗生小學的「滿天留學」、八幡小學的「繩文留學」、一湊小學的「屋久島黑潮留學」、口永良部島金岳中小學的「南海葫蘆島留學」，都接收留學生。家族留學最長可以領取2年、每月4萬日圓的補助金。

○屋久島町教育委員會祕書處
☎ 0997-43-5900

移居到村中的人可獲贈小牛 1 頭

三島村

三島村由距離鹿兒島港100到150公里左右的竹島、硫黃島、黑島這3島所形成。島上畜產豐富，單身家庭可以獲贈1頭小牛或30萬日圓，兩人家庭可獲贈1頭小牛或50萬日圓。另外還可以領取最高10萬日圓的生活準備金跟3年的生活補助金，金額為單身者每月8萬5千日圓、夫婦家庭每月10萬日圓（因家庭人數而增加）。對象為55歲以下的移居者。

○定居促進課
☎ 099-222-3141

47 沖繩 OKINAWA

縣所推動的移居支援主要有努力媒合期望移居者跟縣內企業的「來吧沖繩」或者「沖繩生化人才媒合」。並未針對移居提供經濟支援或者住處斡旋。

沖繩島嶼生活 https://okinawa-iju.jp/

來到琉球秧雞居住的村落在森林和大海間體驗試住

國頭村

有著廣闊「山原之森」，位於沖繩本島最北端的國頭村提供了3棟移居體驗住宅。開車幾分鐘就可以到達便利商店跟物產中心，有電視、冰箱、洗衣機、空調等家電。從1晚開始最長可住宿13晚，收容人數為4～6人，使用費用每晚每人2～3千日圓（因設施而異）。小學生以下免費。條件為使用時需拜訪公所負責人。

○企劃商工觀光課
☎ 0980-41-2622

IT 創業家齊聚的共享工作空間

宜野灣市

宜野灣港灣資訊中心內有共享工作空間「Gwave Incubate」。設施的目的在於培育新創企業，僅限任職於IT企業或者從事IT相關產業者使用。使用費用正式會員每月1萬1千日圓，單日會員為1千1百日圓。法人將此做為衛星辦公室使用時，費用為每月3萬3千日圓。

○宜野灣港灣資訊中心
☎ 098-942-8415

我們的移居

多據點生活、里山育兒、扎根地方等 23 則日本實踐案例

移住。成功するヒント

作　　者　朝日新聞出版　編製
譯　　者　詹慕如

主　　編　董淨瑋
責任編輯　黃阡卉
封面設計　傅文豪
內頁排版　藍天圖物宣字社

社　　長　郭重興
發 行 人　曾大福
出　　版　裏路文化有限公司
發　　行　遠足文化事業股份有限公司
地　　址　新北市新店區民權路 108-3 號 8 樓
電　　話　02-2218-1417
傳　　真　02-2218-8057
E m a i l　service@bookrep.com.tw
客服專線　0800-221-029

法律顧問　華洋法律事務所　蘇文生律師
印　　刷　凱林彩印股份有限公司
初　　版　2023 年 10 月
定　　價　480 元

國家圖書館出版品預行編目 (CIP) 資料

我們的移居：多據點生活、里山育兒、扎根地方等 23 則日本實踐案例／朝日新聞出版編製；詹慕如譯 . -- 初版 . -- 新北市：裏路文化有限公司出版：遠足文化事業股份有限公司發行 , 2023.10
　面；公分
譯自：移住。成功するヒント
ISBN 978-626-96475-5-2（平裝）
1. CST：人口遷移　2. CST：簡化生活　3. CST：生活指導　4. CST：日本

192.5　　112015400